向远方的家庭研学

新教育文库　家庭生活教育丛书

山西出版传媒集团　山西教育出版社

《家庭生活教育丛书》编委会名单

编委会主任

朱永新

编委会副主任

孙云晓　陶新华

编委会成员

（按首字母拼音排序）

边玉芳　陈　洁　樊青芳　范伟霞　冯楠楠　谷　昳
郭　铭　郭瑞玲　洪　明　康丽颖　李　荣　李　巍
李小丽　李一慢　李媛媛　刘凤霞　刘美霞　吕萍萍
孟秋芹　秦张伟　任思颖　单志艳　唐静姣　王国红
王　佳　王　昕　王艳霞　王张晖　吴重涵　吴海燕
谢项鹤　徐　瑛　闫玉兰　杨　睿　杨艳霞　殷　飞

丛书主编

孙云晓

丛书副主编

蓝　玫　赵　晶　弓晓俊　卢　宇

家教兴万家

——《中国家庭教育文库》总序

朱永新

家和万事兴,家教兴万家。

家庭是诞生人的摇篮,家庭是教育最重要的一环。童年是人生最神奇的阶段,父母是孩子最长久的老师。

家庭教育的问题,如今已经引起了全社会的广泛关注。许多父母开始自觉地意识到,教育不仅仅是学校的事情,更是家庭的责任,是父母的天职。许多学校开始自觉地认识到,好的教育离不开家庭的参与,家校合作共育,教育才能够有美好的未来。

但从总体来看,家庭教育的重要性还远远没有得到足够的认识,全社会的教育素养也落后于世界发达国家的水平。

其实,我发起的新教育实验,在十几年的实践中一直重视两点:阅读和家庭。如果说阅读是教育最重要的抓手，家庭就是教育最重要的基石。为此，我们新教育研究院成立了两个研究所：一个是新阅读研究所，一个是新父母研究所（后更名为"新家庭教育研究中心"）。前者抓书目研制，先后研制发布了"中国幼儿基础阅读书目""中国小学生基础阅读书目"等针对不同读者人群的各类基础阅读书目，解决"读什么"的问题；抓"领读者"计划，解决"如何读"的问题。后者通过"萤火虫网络讲座"等项目抓父母的教育素养普及与提升，通过萤火虫工作站"萤火虫亲子共读"等项目开展各类亲子教育活动，通过"新父母学校"等项目帮助父母和教师携手打造家校教育共同体。之后由我推动发起，新教育研究团队在北京独立注册了"国本家庭教育研究中心"，开展家庭教育研究、新父母读本的编写等工作。我一直认为，把阅读和家庭两个难点抓住，在家庭里播下阅读的种子，让孩子在进入学校以前就已经热爱阅读，具有初步的阅读习惯、阅读能力，我们的教育自然会更有成效。

在受中国教育学会委托担任家庭教育专业委员会理事长以后，系统研究家庭教育理论、全面总结家庭教育的经验、及时指导我国家庭教育的实践就成为我面临的重要使命。近年来，我一直在思考如何更好地完成这一使命，如何调动各种资源，为繁荣中国家庭教育研究、推广家庭教育的先进理念与方法，进一步做出贡献。

在这样的背景之下，在新教育研究院、国本家庭教育研究中心等机构，以及全国家庭教育理论研究工作者、一线优秀教师、广大父母的参与和支持下，我们推出了这套《中国家庭教育文库》。

《中国家庭教育文库》包括《中国家庭教育蓝皮书》、《中国家庭教育研究书系》、新父母教材《这样爱你刚刚好》、《家庭教育译丛》和《家庭生活教育丛书》等。其中《中国家庭教育蓝皮书》是由国本家庭教育研究中心主持编写的年度家庭教育报告，分析中国家庭教育的最新发展情况，汇集每年中国家庭教育的理论研究成果和实践探索。《中国家庭教育研究书系》收录家庭教育相关学术研究成果，包括年度家庭教育国际论坛的论文集，以及著名专家的个人文集等。新父母教材《这样爱你刚刚好》是在中国教育学会家庭教育专业委员会与新教育研究院学术支持下，由国本家庭教育研究中心、中国青少年研究中心、上海师范大学联合编写，供学校或机构在各类家庭教育培训中使用。《家庭教育译丛》将陆续引进国外关于家庭教育的著作，为我们了解世界各地家庭教育的研究成果打开一扇窗户。而《家庭生活教育丛书》立足于家庭生活场景和学校工作，为家庭教育工作者，包括教师及广大父母倾心编撰，以更好地指导家庭教育工作，促进家校合作实践。

或许，我们的努力仍然是稚嫩的，甚至难以逃脱"初生之物，其形也丑"的常态。但是，我们将以《中国家庭教育文库》用心记录中国家庭教育的发展进程，收录家庭教育的最新研究成果，不断完善，不断提升，为推动中国家庭教育的高质量发展做出我们的贡献。

写于北京滴石斋

目　录

推荐序 001

第一编
家庭研学有理论

第一章　延续"读万卷书，行万里路"的中国智慧　002

第二章　家庭研学旅行的目的和意义　014

第三章　家庭研学旅行的实施原则　020

第四章　家庭研学计划的设计路径　028

第五章　家庭研学旅行也可以课程化　048

第二编 057
家庭研学的实施

第一章　拆掉思维里的墙　058

第二章　研学始自家里　073

第三章　在路上　084

第四章　呼朋唤友　095

第五章　研学手册　099

第三编
家庭研学旅行案例及资源

第一章　什么是家庭研学旅行？　108

第二章　家庭研学旅行目的地主要类型　121

第三章　家庭研学旅行经典案例解析　156

　　　　一、课本中的诗词之旅　156

　　　　二、三国研学　176

　　　　三、龙的传人应知龙的故事　197

　　　　四、可体验的中国历史　204

　　　　五、脚下的地理课——海岸线＋陆地边界线研学　217

　　　　六、城门城门几丈高——古城研学路线综述　222

　　　　七、衙门朝南开——古代官衙研学路线综述　228

　　　　八、从清代官衙看古代等级制度
　　　　　　——"何以中国"专题研学路线之一　234

第四章　家庭研学旅行工具包与资源库　239

　　　　一、家庭研学旅行城市推荐　239

　　　　二、博物馆研学分级目的地　241

　　　　三、家庭研学旅行设计参考资料　246

推荐序

家庭研学，知行合一的家庭教育新路径

随着我国经济水平的整体提升，家庭的经济也随之越来越宽裕。生活条件改善了，人们对美好生活的追求也就逐渐丰富起来，健康、教育和休闲正在成为人们关注的主要领域。一家人走出家门，甚至走出国门休闲旅游、开阔眼界，对富裕起来的中国人而言，已经不是什么稀罕事。

随着走出家门机会的增多，家长们越来越不满足于只是带着孩子跟着旅行团吃吃喝喝，走走看看，听导游背着导游词，聊着各种奇闻逸事、野史掌故，而是希望能够对某个名胜有更深入的了解，避免走马观花；同时希望孩子能够在旅行中拓展学校的学习内容，为学校的知识学习奠定实践上的基础，丰富孩子的知识结构。顺应市场的需求，近些年来各大旅行社都丰富了旅游产品线，开辟了研学路线。为了规范研学旅行市场，维护青少年身心健康，促进中小学研学旅行项目的健康发展，2016年11月30日教育部发布了《关于推进中小学生研学旅行的意见》。

由旅行社组织的旅游项目和由教育部门以及学校"通过集体旅行、集中食宿方式开展的研究性学习和旅行体验相结合的校外教育活动"的研学活动具有较强的设计性和课程性特征，但较大规模的研学活动也存在着个性化不足、组织难度大、课程浮于表面等缺点，因此不少家长在接受研学旅行理念的基础上开始了以家庭为单位的家庭研学新探索。

家庭研学是家长根据孩子的年龄特点，选择适合孩子的研学主题，通过家人沟通、协同合作等方式进行的深度研究性学习。家庭研学具有个性化、灵活性和深度探索的特征，它不仅有助于满足孩子个体兴趣，也更容易在深度研究中生发出新的问题，更增进了亲子感情和家庭凝聚力。家庭研学的挑战也是显而易见的，它要求家长有着较高的沟通水平和较强的引领能力，因为缺少儿童群体的相互激发，所以对家长扮演好儿童同辈群体的能力要求也较高。

李一慢先生的家庭研学实践给了广大希望陪伴孩子在旅行中学习的家长以有益启发。他有着敏锐的洞察力、执着的行动力和开放的探索能力，以及陪伴孩子成长的爱心、责任与引导力。

和孩子一起创造共同的生命故事。有人问，人这一生的价值如何体现？答案多种多样。如果从载体分析，当一个人逐渐老去，一个人伫立斜阳，人生的一个个故事承载着一生的价值；和儿孙围炉夜话，共同的回忆是一家人最宝贵的财富。李一慢先生的家庭研学探索，正是在陪伴孩子成长的过程中，创造了共同的生命故事：在每一张研学图片的背后，是一家人共同的生命呼吸；在每一个博物馆中，一家人的精神和这个国家的古老历史交融契合；在每一次的神奇探索中，惊讶和欢呼深深地烙印在一家人的心灵深处。一起走出家门，一起走进未知世界，创造属于一家人的生命价值共同体。

让孩子成为家庭研学的主角。研学和传统的旅游、旅行以及度假不同，它本质上是学习项目和教育项目，是根据一定的主题目标，借助旅行的形式，通过身临其境、亲身体验与互动探究等方式促进孩子健康全面发展的教育方式。家庭研学，研究探讨是重要的特征，孩子是这个过程的主角。在李一慢先生的家庭研学中，从选取研学方向、探索研学目的地到规划研学细节，孩子始终是这个过程的主角，家长根据孩子的年龄所体现的身心特点，有意识地让孩子走到家庭研学的中心，让他们成为研学的主人，极大地激发了他们参与学习的积极性，也提高了研学深度，提升了研学效果。

让开放生成展现家庭研学的魅力。一切皆可学，这是研学旅行的巨大魅力。从自然到历史，从科技到人文，从博物馆到小餐馆……研学途中，没有一步路是白走的，没有一个人是无关紧要的，没有一个故事是可有可无的。开放生成是研学途中展开的这部大书的最好心态，每个人都以谦恭的姿态走进它，用开放的心胸接纳它，以敏锐的感知触摸它，以研究者的好奇心探究它。李一慢先生的家庭研学探索有充分的准备，有容错性的接纳，有专业的推进，有独一无二的生成。这些淌出来的家庭经验给每一位希望带孩子研学旅行的家长以深度启发。

李一慢夫妇是幸福的，他们有一对可爱的儿女；他们的儿女是幸福的，他们有高瞻远瞩、深思力行的父母；和他们相识的朋友是幸福的，他们有机会打开自我，与志同道合者共进。

家庭研学是家庭教育的新方向，是家庭教育生活化特征的新诠释，是家长教育能力综合提升的新路径，愿更多家庭和李一慢家庭一起探索，为把孩子培养成有敏感心灵、有历史深度、有宽广胸怀、有高远价值的新儿童而努力。

殷飞 博士[1]

---

[1] 南京师范大学家庭教育研究院副院长，江苏省家庭教育研究会副会长，中国家庭教育学会常务理事。

第一编

家庭研学有理论

第一章
延续"读万卷书,行万里路"的中国智慧

中央电视台:将读书与行走相结合的"读行侠"一家

除了共同在书海里成长,将读书与行走相结合的"读行侠"一家,也在生活里丰富书本的世界。

热闹的前门大街成了最生动的课堂,古老的建筑,人来人往的街道,历史的变迁就这样写在书上,呈现在眼前。

在北京的前门正阳桥原址处,李一慢给儿女们介绍:"正阳桥以前可真的是一个桥啊,现在这个桥没了。以前是有护城河,所以它有一个桥,过了正阳桥才是正阳门。可你看现在不一样了,现在我们直接可以到城门里面去了。"

每年,李一慢都会带着孩子出门远行,延续"读万卷书,行万里路"的中国智慧。无论去哪儿,书本一定是必备物品。"把纸面上的、书上的一些知识,带孩子去体验一下,能亲眼看到的话,那对于以感性认识为主的孩子来说,就更加有吸引力。现在我女儿和儿子都在看《三国演义》,所以他们正在张罗着一个三国路线的旅游。"

——2015 年 4 月 23 日,中央电视台播出李一慢一家的读行生活

"大有收获"　中轴线研学时，接受中央电视台记者采访

我念"念奴娇"，我在赤壁怀古现场

在开车去赤壁的路上，爸爸妈妈组织我们背有关赤壁的诗词。

车上也没有书，于是我们只能听爸爸妈妈说一句，我们再记一句——车厢也就成了课堂，我和妹妹成了不听都不行的小学生。就这样，我成功地背下了《念奴娇·赤壁怀古》。这首词里描绘的景象让我对赤壁产生了强烈的好奇心，我根据词的内容在脑中描绘出了赤壁的壮阔景色。当我真真切切地看到了赤壁的时候，我发现这里真如词中描写的那样美丽，而且对这里产生了一种陌生的熟悉感。

不知道为什么，我对《念奴娇·赤壁怀古》记忆十分深刻，直到现在依然没有忘掉。

——李中颉（哥哥，时为小学生）

"面壁"　儿女在黄州赤壁

李白看李白，相看两不厌——敬亭山游记

今天，是我们到安徽宣城的第二天。一大早，一家人就去了敬亭山。山下，李白的石像迎着光，看不清他的眼睛在望向何方。半山腰，回望李白，他也看过来，看着我身后的山。

我是背过《独坐敬亭山》的，其中的"相看两不厌，只有敬亭山"让我疑惑：为何只有敬亭山，让登过无数名山的李白发出那样的感叹？

想着，走着，走着，想着，没有答案。山路旁的松柏变成了挺拔的翠竹，道路也变成了古朴的青石板路。再回头，似乎能见到李白的身影在随风摇摆的竹叶间。听到老爸的呼唤，我扭过头来，却见一位公主抬眼望过来。老爸还在感慨着念叨："这就是玉真公主啊？""玉真公主？"看到我的疑惑，老爸打开了话匣子……在老爸的讲述中，我知道了玉真公主实际上常去长安西边的秦岭，李白有意去拜访以达圣听。传说玉真公主爱李白之才，追随李白足迹来过敬亭山，甚至有传闻说李白是为玉真公主才写下"相看两不厌，只有敬亭山"的千古名句……

我倒是希望那是真的，那这里的巍巍青山、青林翠竹，亲眼见证了李白与玉真公主的故事，微风吹过，在我们的耳边娓娓道来。

转念一想，玉真公主不也是唐朝廷之象征吗？原本我脑海里想象着的才子佳人执手相看，就变成了报国无望的李白与退隐山林的李白"相看两不厌"了。

或许这才是李白写《独坐敬亭山》的原因吧。

——李一一（妹妹，时为小学生）

"江南寻诗"　儿女在敬亭山

玩中学——花点儿小心思，玩学不耽误

旅游过程中，要不要给孩子布置一点儿任务呢？

开始时，我是有点抵触的，觉得出去玩就好了，就不要再提学习了，这样玩不好也学不好。一慢虽然没用言语反驳，但他用实际行动证明，旅游过程是很好的学习机会。因为是自驾，在车上的时间比较多，除了听评书故事外，一慢会带着孩子们玩词语、成语接龙，或者轮流出猜字谜语。这类游戏，孩子们从小就开始玩，这对他们来说虽是个游戏，但不知不觉中也学会了不少新的字词和成语。再大一些，一慢则会利用车上的时间和孩子们讲一讲要去游玩地方的历史背景，把诗人写过的诗说一说，然后利用孩子们喜欢玩游戏的心理，玩背诵接龙游戏。

谁说旅游只是单纯的玩呢？花点儿小心思，玩和学一点儿不耽误。

——胡宜之（妈妈，做过育儿编辑、家教理事会学术助理的知识型妈妈）

"路上游戏多"　利用游戏提高兴趣，消除疲劳，增长见闻

是生活，也是滋养——爸爸写给 10 岁儿子的一封信

儿子：

在这封信里，我要跟你聊聊我们最喜欢的六件事之一：旅行。

爸爸 10 岁的时候，没去过什么地方，只有几次坐在列车最后一节行李车厢旅行的经历，在东陇海线连云港至徐州 222 千米的铁道上。我坐火车的时候，总喜欢趴在车窗上看着窗外的一切，飘过来又溜到身后——是不是跟你一样？在徐州，在苏轼待过的云龙山，我曾经央求你的大姑父，也就是我的大姐夫爬到古建筑上把那些好看的脊兽撬一个给我，否则我坚决反对最疼我的大姐跟他结婚。

爸爸在 20 岁那年的生日，从上学的南京城，徒步 66 千米，去隔壁安徽省的马鞍山采石矶，拜谒我最爱的诗人李白的衣冠冢——是不是你也大爱李白？我还想沿着长江走得更远一些，浔阳湖、东坡赤壁、黄鹤楼、巫山、白帝城、江油……却没有机会。

而 10 岁的你，却已经与爸爸妈妈一道走过 20 万里路，攀登了 8 座名山，穿越了八大古都，追随着李白和苏轼的足迹！更让我们高兴的是，你还知道今后的日子里，我们还要去哪里旅行——有着这样的期待，是不是很美好？

我单身的时候就很喜欢旅行，甚至计划在喜欢的几个城市居住一年以上——后来也这么做了，直到在北京遇到你的妈妈。我们结了婚，有了你，还有妹妹。一个人的旅行像是灵魂的流浪，和爱的人旅行是爱的印迹。现在，我们经常一家四口到处溜达，这是生活。

你的周岁生日是在青岛过的，连抓周也都是在饭店房间里进行的。第二天，我们跑到海边晃悠，海风很大，带着海鲜的味道，沙滩

很软，你步履蹒跚，脸上是灿烂的笑，如花般绽放。然后你一个前扑，直挺挺地砸下去，啃了一嘴的沙子……这情景牢牢地印刻在我的脑海，成为我"亲爱的葫芦"成长图画书中欢乐四溢的一个跨页。

和大多数人一样，作为上班族，工作日时间好像总是不够用，周末我还常有公益活动要策划、组织、实施，我们能自由安排的时间实在有限。但是我们却可以拖家带口去游学，这是为什么呢？

原来我们有着同样的愿望！在你从大班到小学三年级的那段时间里，你的愿望就是当个旅行家。后来，你的愿望变成当天文学家，因为你对"上知天文，下知地理"很是向往，更想到太空中旅行！我希望你能记住，读书和旅行恰好包含在一句众所周知的古训"读万卷书，行万里路"中，我更希望你能知道：一家人的旅行是生活，也是成长的滋养。一家人的旅行是成长，更是幸福。

我们经常聊字的本源，我觉得"滋"这个字的本义就是"生长"，引申为"增多、增加"，进而有了"滋润"的含义。所谓滋养，就是要让我们沉浸其中，自然增益。从另外一个角度来说，滋养更重要的是精神的滋润。要爸爸说啊，"滋"还有"慢"的含义——你会不会反对我这个说法？"可别啥都跟慢挂钩啊！"嗯嗯，这是爸爸的思考，而且我认为这一点对于父母来说更为重要，内心滋润、行为滋润的爸爸妈妈，才能培养出内心滋润、行为滋润的孩子。就像在游学的过程中获得成长的并不仅仅是你和妹妹，我和你们的妈妈也得以通过你们的眼睛、脚步和思考，重拾童心，重得慧眼，重新体验世界，获得自身的有滋有味的"二次成长"。

是的，游学绝不仅仅是"读万卷书，行万里路"，它更是一种滋养方式。神奇的自然、丰富的人文、有趣的体验、好奇心的满足，让我们一家人享受着旅行过程中的愉悦。

2016年的春节，在从"三国游"回北京的路上，我们特意在石家庄停留，一家人一大早就去河北博物院，在里面待了足足一天。我看着你和妹妹一人一个解说器，仔细地观察、认真地听……我坐在黑暗的角落里，微笑地看着你们的背影，眼角泛起幸福的泪花。可能在有些人看来这算不上什么，我却从中看到了你们内心已经滋养了爱和美，我甚至可以看到我的孙儿们也在博物馆里——他愿意听哪个就听哪个，愿意在哪个地方待得时间长点儿就耗在哪里。

谢谢你啊，儿子，因为有了你，我才有了做"慢看玩老爸"的机会！很巧的是，我们都乐在其中的亲子共读、亲子观影和旅行游学，正是我和你妈妈的共同兴趣，我们常常以这样的方式进行自我滋养。书本和电影可以在家里和影院里随时阅读、欣赏，而旅行却是推开家门走向世界、走向自然的重要一步，能够让生活多样化，能够让家变得丰富多彩。

我向来认为阅读是伴随孩子终生的生活习惯，但是在早期，亲子共读是家庭学习的重要手段，也是建立家庭学习共同体的重要步骤。我们一家正是从亲子共读开始，逐步引入亲子共玩、亲子游学，并建立了适合我们这个家庭的教育环境。除了"读万卷书，行万里路"外，古人还说过"读万卷书不若行万里路"。看来，游学本是古已有之、历史悠久的教育形式，就像我们都喜爱的李白和苏轼，他们在游历中丰富着自己的人生和思想。如果你愿意听我给游学下一个定义的话，我觉得，在读书之余，遍游各地，亲见亲历，或者带着问题上路，体验和思考找寻答案的学习方式，可称为"游学"。

还记得你和妹妹手绘的"读行侠"标志吗？你也发现了，爸爸总是把家里好玩的事儿取一个名字,到处游学的我们一家四口,自称为"读行侠"。"游中学,学中游"的阅读、博览和游历、体验,让我们有一种崭新的亲子交互提升的成长过程。

有别的爸爸问过我怎样设计游学的主题。其实,后来我总结的"感受自然""审美培养""情商熏陶""动手实操"和"学科体验"四大主题中的"感受自然",正是来自你的表述,而这四个主题也成了"读行侠"的四个标签。

至于游学目的地,都是我们俩,当然还有妈妈一起开会讨论的结果,呵呵,妹妹可没怎么参加,因为她还小。按照距离的远近,我们设计了36条游学路线呢!我愿意在这封信里整理整理,免得将来记录这些内容的那个小本本不见了。

你说一定要把北京走遍,我非常赞同。我们所在的城市就是我们的家乡,甭管祖籍和出生地在哪里,我们有义务深入地了解自己的家乡,这样才会有具体而微的思乡之情。

然后再从家乡出发,一步一步走向远方。好像我们一起画了个大三环:第一环包括北京及周边省市(天津、河北、辽宁、山西、山东等),我们很多的周末时间会在其间出没;第二环是国内除港澳台之外其他省区,每个季度都有的3天小长假,可以自驾前往;第三环为需要特殊出入证件的港澳台地区及境外。为此,我们需要好好地规划寒暑假和春节、国庆这两个假期。

你曾经问过我,为何要到自己喜欢的六个城市工作和生活。我当时的回答很简单:只有居住的时间长了,才可以了解当地的文化。当时一年级"小豆包"的你并不了解"文化"这个大概念,可经过我们的"吴文化"和"楚文化"的游学后,你是不是多了一些认知呢?

在我家书架地理专柜最上面的里层,摆放着一套24册的"地域文化丛书",包括八桂、八闽、巴蜀、草原、陈楚、滇云、关东、徽州、江西、荆楚、两淮、岭南、陇右、齐鲁、黔贵、青藏、琼州、三晋、三秦、台湾、吴越、西域、燕赵、中州文化,算是大致梳理了各地域文化之精要,假以时日,我们可以一一走过这些相对集中的文化区域。

之前我们的"读行侠"游历中其实也有潜在的课题安排,比如八大古都、三山五岳、我国的世界文化遗产、历史文化名城、黄河万里行等。像黄河万里行就被分散在多次游学之中:第一次是你5岁的时候,我们一起去黄河入海口。我们到了黄河入海口的湿地,还观看了胜利油田到处可见的被称为"磕头机"的采油机。第二次去的时候,我们还深入油田,考察了从原油到成品油的整个生产过程。我记得每一个环节你的眼睛都闪着亮光!还有,在济南,在开封,我们也感受了黄河大桥的壮丽,以及黄河水的黄、黄河水道的新与旧。

我一直认为,在国际化的大趋势下,你在20年后会生活在更为全球化的生活、工作环境中,那么对于中国的深入了解应该是你成长中重要的一环,也是作为"国际人"的最坚实的基础。所以,在你的提议下,我设计了两大系列、八个主题的"中国边疆行"。两大系列指的是海岸和边境。我们会利用你小学阶段的暑假展开海岸游,目前已经完成了辽东半岛的"和平之旅"、山东半岛的"灯塔行"和连云港—厦门的"民居行",其余的路段(包括南部沿海和海南岛、台湾岛)会在你小学剩余阶段完成;而在你的中学阶段,我们将"走"完其余的陆地边境。

记得我们说完这些线路时,你久久地站在家里那幅大大的中国地图前,眼睛里依旧闪着亮光。

游学也是我们给你的一份成长印记。你那张大大的中国地图——它实在是太大了，只好挂在厨房的墙壁上——上面有越来越多的彩色即时贴，那是你和妹妹去过的地方，每个地方都是满满的回忆，都有你自己的故事。我相信，这些故事会在今后与你重逢，也会成为你今后生活的底色。现在已经有50个中国历史文化名城被你行走过，你的妹妹也去过了其中的36个城市。你好多次问我："我们什么时候去国外的城市啊？"我想，等我们一家在国内的游学中积累了更多的经验，有了一些独自远行的经验后，就可以放心地开始环球游历了，而这不正是你的愿望之一吗？我喜欢这个愿望。而我的建议，你也是认同的：所谓中华文明，是我们在深刻感知中国文化后的自我体认。所以，童年时我们应该走进中国的历史，走进中国文明。

然后，世界便必定在你的脚下了！

爱你的爸爸

"看世界去" 渤海之滨

殷飞老师感悟

李一慢先生的家庭研学旅行探索是亲子共成长理念落地的生动案例。通过孩子的感悟与成长、母亲观念的不断迭代、父亲对研学旅行认识的逐步深入可以看出,家人只有在共同从事一份事业的过程中,才能同频共振,才能相互启发和推进思想认识,才能避免空洞说教和对未来虚妄的焦虑。

拓展地分析,每个家庭都可以全家人一起通过协商,选择一件大家都愿意参与的事情,就如李一慢先生的家庭一样,在共同的兴趣爱好下,大家集思广益,添砖加瓦,把这件事做得有趣有意义。所有人的成长就在其中,美好家庭的建设就在其中。

第二章
家庭研学旅行的目的和意义

是陪伴，也是成长

现在看前一章给儿子写的那封信，字里行间充满了羡慕。

我在儿童时期，在 18 岁离开家乡去南京上大学之前，哪里有家庭研学旅行？仅有的几次集体旅行就已让人难忘。工作后的我开始了全国旅行，甚至计划在喜欢的几个城市居住一年以上——后来也这么做了，直到在北京结婚、生子。一个人的旅行像是灵魂的流浪，和爱的人旅行是爱的印迹，现在我们经常一家四口到处溜达，是生活。

在"到处溜达"的研学旅行路线中，有我喜欢的，有妈妈喜爱的，有让哥哥狂热的，有妹妹懵懵懂懂迷恋的。研学旅行不仅仅是享受，也多了一种感受；既是阅读的考验，更是人生的体验；有时候还带有生活的磨炼，也是独立自主能力的锻炼；更难得的是，在此过程中可以充分感受人与自然和睦共处的无尽乐趣，还为家庭增加一段难忘的共同记忆。

孩子正是从这个体验中，熟悉自己的周遭，认识更广阔的大自然，然后再去观察人和社会，思考自己的人生。

是的，思考人生。英国人约翰·特莱伯就视哲学为旅行的关键性基础。李白的"众鸟高飞尽，孤云独去闲。相看两不厌，只有敬亭山"，白居易的"心泰身宁是归处，故乡何独在长安"，都是以最浪漫的方式，表达对旅行的超越生活之外的哲学认知，告诉我们旅行走的是世间路更是心灵路，千山万水之中，我们要回到自己的诗意栖居——孩子或许还不懂这些，那又何妨？本来，游学是远离也是回归，是付出也是获得，是消耗也是滋养。当他们有了这份切实的体悟，或许可以悟得，或者为悟得奠定基础——人走向内心世界的路，远比走向外部世界的路悠长得多。

是体验，也是塑造

古人认为，成大器除了要有文才外，见识也是必需的，古往今来也不乏这样的名人志士。不用说被称为旅行家的徐霞客，大禹、李白、苏轼、李时珍等各行各业的人士都在"走万里路"中砥砺自己、增长见识，为事业、人生打下厚实的基础。在走出家门、走向远方的家庭研学旅行中，我们带孩子爬高山、走沙漠、蹚草地、漫步油菜花间，让孩子们感受大自然的真切。有时候，他们不走平整的游道，要走砂石乱土石头缝，既释放了自己的天性，又能体味自己所选道路的艰辛，以及战胜艰辛后的快乐。

在旅行的一些环节，如孩子力所能及的规划线路图、购票、结账、列购物清单中，他们可以学习成人的待人处世之道，可以学习陌生人之间建立关联沟通之道，看到不同的人，学着包容与尊重。在一个行走的课堂中，不用我们再多说教，真实的体验会给他们带来深深的影响，让他们得到能力的锻炼。

一个社会人是需要记忆的,博物馆、纪念馆、文化街区、工业遗产等研学点正是公共记忆的巨大收纳箱,是城市发展的历史见证者,是一座城市独特的文化标志。

研学旅行可以构建共同的背景知识,可以唤起我们的集体记忆。记忆给我们信心,记忆让我们安心。博物馆那样的研学目的地里多的是自然的遗产,多的是历史的遗物,扑面而来的是时间的气息。各种可视的展示物上,留存着先人先辈的气息,有了这些物质凭借,历史才能真实地进入我们的记忆,成为深刻且深远的背景,告诉我们,你并非凭空而来。我们站在那里,也会感到自己身处历史的源流中,自己也将会成为记忆中的一部分。

特别是具有地域色彩的研学点,比如城市博物馆,可以满足我们对于自己身世的好奇心,也引发我们对自己未来的好奇。博物馆里各种精选的展品中,为我们展示宏大的历史事件、伟大的人物、微观的生活、普普通通的市民……数千年来的各种物件穿越时间界限,来到我们的眼前,为我们提供生动细微的线索,成为我们了解城市的已知信息,也成为我们成为本地人的已知信息。

有了对家乡的更多已知信息的了解,也就更加热爱自己所生活的城市、乡村,进而热爱整个国家。

最为奇妙的是,透过它们,我们可以看到自己的未来,为这美好的未来,我们要学习什么、我们要梦想什么——这也是研学旅行的重大意义。

是家乡，也是远方

研学从哪里开始体验呢？

"咱们干点什么事儿？要不去看看这座城市的文物？"这是莎士比亚著名戏剧《第十二夜》里的人物对话。透过对话可以看出古今中外相通的文化现象：人们希望通过城市里的文物来读懂一座城市。

对于旅游之客、研学之生，要了解一个陌生的地方，去当地的博物馆看看是最快捷的方法。博物馆里可以看到这个城市的前世今生，可以知晓这个城市的未来规划，可以看到这个城市的特色文化，可以看到这个城市的人民是如何创造这个城市的……城市不仅有博物馆，还有纪念馆、科技馆、规划馆、遗址公园，每去一处，都为我们打开了无数扇窗，借此了解这个城市的方方面面，使我们对这个城市的了解从过往的间接知识到有了更准确的定位，让我们对这个城市有了敬畏之心、好奇之感和亲近之意，才算是初步了解了这个城市。

有了这样的了解，才会更加珍惜和热爱这个城市。

所以，我一直倡导：爱国，就从脚下的土地开始。那么，热爱家乡，就可以从家乡博物馆研学开始。

2017年和2018年，在中央有关部门和各省级教育行政部门推荐基础上，经专家评议、营地实地核查及综合评定，先后有204个和377个单位被命名为"全国中小学生研学实践教育基地"。其中文化部和国家文物局分别推荐了故宫博物院、中国国家博物馆2个博物馆和北京鲁迅博物馆、南京博物院、湖南省博物馆、河南博物院、湖北省博物馆、浙江省博物馆、辽宁省博物馆、山西博物院、大明宫遗址、殷墟等 10 个博物馆。其他单位和各省市区的推荐中也有约三分之一是博物馆。可见，本地博物馆是最佳的短途研学旅行目的地。

随着我国在国际舞台上的地位提升，自清末开始的走出国门的"研学"在新时代达到了新的高度。在有些国家，中国留学生在国际留学生中的占比逐年增加；在各国的知名研学旅行目的地，来自中国的家庭与学子已经成为一道独特的景观。我们有理由相信，中国娃一定是世界娃，他们的未来更加国际化。

但是，我想呼吁的是，在培养"国际范儿"之前，一定要培养孩子的"中国范儿"。所谓"中国范儿"，不仅要有中国心，也要了解和深爱中国文化，了解和深爱祖国的一草一木。

我曾多次与一些移民国外的同学、朋友聊天，他们经常念叨着，出国前自己没有好好地把国内走遍，没有很好地了解祖国的传统文化，甚至于懊恼没有背下更多的唐诗宋词和"之乎者也"。身处国外的环境，面对子女渐渐"改变了味道"的快速成长，他们担心作为"中国人"印迹的快速消失。更遗憾的是，自己心有余而力不足，无法给予孩子"滋养"，也就是中国文化的浸润和熏陶。究其原因，与小时候的眼界、成长时期的阅读和游学体验缺乏甚至缺失也不无关系。

见多识广的孩子常常会在一个特定的场合发现，"这玩意，我知道""我小时候背过""我和爸爸妈妈来过"……这样的事情多了，每一次的阅读、体验、旅行，都像是故人重聚、故地重游……母语文化、祖国情怀就这样实实在在地存在于感官能感受到的、身体能体验到的文字中、故事里、景观中、实物里。

所以，我们一家在孩子小时候，规划在他们九年义务教育期间走遍全中国，并为之设计出 60 条研学旅行路线，也就是走向远方的"千山万水 960 计划"，这一计划正是对祖国大好河山、人文景观的体验与研习，是与中国有关的一切信息"已知化"的过程。

有了传统文化的"已知信息"，才能够做好对优秀传统文化的理解和传承，才有助于以中国人的价值观去观察、了解、解读更广阔的世界。

殷飞老师感悟

家庭研学旅行是一件范围很广的事情，其可以实现的功能也是如此，小可以是一家人的旅游和度假，大可以是在一定科学理论指导下的研究性学习活动。因此，任何一个家庭都可以根据自己的家庭实际，以及孩子的年龄特点，选择适合的主题与路径。要相信只要一家人走出家门，踏进大自然，走进博物馆，就能有意想不到的收获。你们可能从此和孩子拥有了新的共同话题，也可能拥有了一段难忘的生命体验。

研学旅行的目的是研究，过程是体验，研究和体验都没有标准答案，它需要的是一家人的真情和全情投入，需要的是对这个世界有着无限的好奇和对创造独一无二生命价值的渴望。

第三章
家庭研学旅行的实施原则

体验性原则:"看学做"三合一

我们一家常常观看与研学旅行有关的视频节目,如中央电视台的《中国地名大会》。第二季的某一期中,有一位选手一口气完成了34个题目的"天梯",那些题目包括了饮食风俗、地标建筑、特色文化、代表文物等内容,考点五花八门,这就要求选手的知识储备不能仅限于地理地名,难度不小。而那位女选手一边答题一边说"我去过这里""妇好鸮尊在河南,我看过""何尊,我今年5月份刚去看的,在宝鸡青铜博物馆""亚丑钺在山东,我去看过,它那个笑脸特别可爱"……引发了其他选手以及导师的赞叹,也引发了我们一家四口的议论,因为很多与这些知识相关的地方,我们也去过。

嘉宾胡阿祥老师的点评是:"她给了我们很多的启示。她老是讲这个地方我去过,这个我看过,我们讲地名是历史的、地理的、地图的、文学的第二种语言、第二种表达,学习这些东西,必须要切身去走去看去体会。"我非常赞同胡老师的这个观点。

这些研学旅行中的知识,孩子有的记得很清楚,有的根本就忘了,有的是模模糊糊知道"有这么回事"。这是非常正常的现象,是我们一家坚持"童趣优先"可预料到的结果。

"童趣优先"也是我为家庭的诸多教育方法拟定的基本法则的第一条。我想其含义非常清晰简单：让一切变得有趣起来，符合不同年龄段孩子的身心发展规律，孩子自然就能跟进，就能持续，方能培养成习惯。

研学旅行与书本阅读、课堂学习的一个区别是"全感官参与"和"身体力行"。儿童在研学过程中通过眼、鼻、口、耳、手、足等感官进行"直观的旅行"，直接感受研学对象，或者与研习知识之间建立情感或思想的联系。

有些研学旅行目的地，比如科技馆、地质公园、博物馆等，天然地自带研学功能，也有一些场馆特意为学生研发研学课程，或者增加互动性、参与性强的展示与体验——这都是为了满足"童趣"。

家庭研学旅行中的"真""善""美"则对应着科学性（智育）、人文性（德育）和艺术性（美育），其含义比较清晰。唯一要强调的是，由"趣"入手，尊重儿童认知世界的规律性。比如从全感官开始的体验式智育，从不在研学中说教开始的浸润式德育，从动手涂鸦、制作、游戏开始的浸入式美育。

以上都与儿童的体验和已知信息有关。

体验包含四层意思：第一层是亲身经历，投入、卷入正在发生的事情，特别是"躬身入局"后有所梳理和反思，最容易形成自我认知；第二层是对正在发生的事情的直接观察，尤其是着眼于通过观察得到知识；第三层是对已经发生的事情进行模拟再现，重点是了解和学习知识及技能，我们现在常说的"沉浸式"就近似这样的体验；第四层是对从家庭生活或社会生活中承继和被动接受的"常识"的验证。无论身处哪一层，亲身参与和直接观察生成的"已知信息"殊为重要。

已知信息也就是人的经验，是逐步积累、不断发展且可以重组、新生的，如同涓涓细流汇成大江大河，汇入无边的海洋。因此，体验式学习的最佳路径是在每一次的体验式学习过程中，由已知信息入手，建立与未知信息之间的联系。研学旅行也最好从孩子的已知信息中去定目标、定过程、定方法，引导孩子由浅入深，不断地获得叠加在已知信息之上的信息塔。

王阳明提出"未有知而不行者，知而不行，只是未知"，也即"知行合一"的理念。我常常用西方的谚语来为这句话作辅助说明："Doing is knowing"。"-ing"在这里发挥了重要的作用，行动并在保持就是在"knowing"，并且，不仅是"知道"，而是"持续行动、持续知道"。

课堂教学当然也是 knowing，课堂中的知识本来也源自已知信息，如能增加更容易转化已知信息的体验式学习，"看学做"三者合一，就不仅仅使孩子获得知识，提升他们的动手能力、总结提炼等思维能力，更是在深层面，对综合素养、人格魅力等个人发展的螺旋上升式培养。

研学旅行就是一种非常合适的体验式学习方式。

趣味性原则：以孩子为中心

研学旅行是体验教育，体验要优先于教育——只有孩子的持续体验，才能让附着其上的教育发挥作用。所以，父母不要太急于突出学的部分，而是先要让孩子享受旅行的乐趣，享受旅行过程中可以吸附教育的各种体验。

从这个角度说，家庭研学旅行，特别是其中相对专业的博物馆研学，其基础的兴趣激发、习惯养成发生在家庭教育领域，是需要父母的启动、持续供应的。而且，从效果来说，父母的推动和参与是最有效的。

轻松、有趣、好玩本身就是旅行的应有之义，研学旅行中的教育具有现场生发的特点，所以，对于以家庭为单位进行的家庭研学旅行来说，父母应该以帮助孩子接受并喜欢在旅行中研学为己任，要明确：

1. 通过日常观察，发现自己孩子的兴趣，设计出孩子大概率会喜欢的旅行计划，然后在旅行计划中添加孩子感兴趣的研学内容。

2. 运用"联策略"，从孩子的已知信息入手，启动旅行中的研学。

在我带孩子研学旅行的早期，有一件事给我留下了深刻的印象。在一座皇家园林里，我正准备给孩子讲一讲水边的建筑，可孩子顺手捡起一根树枝，假装在钓鱼，玩得不亦乐乎。

类似的例子还有不少。有位朋友带孩子去首都博物馆看"海上丝绸之路"特展，本来打算一起好好学习一下远航大型帆船的结构以及千年前的航海线路，没想到孩子一点儿都不感兴趣，反而在一块画满水果和植物的展板前停留良久，仔细观察。原来，这张展板介绍了在我们饭桌上经常出现的西红柿、西瓜、玉米、辣椒等可以"联自身"的已知信息，叠加了有趣的新信息：这些食物不是我国自古就有的，而是随着航海商船从很远很远的地方传播过来的。因为孩子对这些食品非常熟悉和喜爱，因此不停地询问它们的原产地在哪里，在地图上什么位置，是怎么运到中国的……

这个展览我们也看过，自小喜爱交通工具的儿子"学"得非常仔细认真，特别是对展览中出现的各种地图都"阅读"很久。

可见，不同的孩子感兴趣的事物不一样，不同年龄段的孩子对各类事物产生兴趣的时间点也不一样。同样是"海上丝绸之路"的展览，有的孩子从交通工具的演化，路线的开辟、发展等角度来研习，有的孩子却"演变"为有关"中国的外来食物"的学习。这其实也是反复带孩子去博物馆的意义所在：每个阶段他都会有自己新的理解，可以学到新的东西。

3. 合理安排，学会放弃，研学目标力求简单直接。我们经常发现，在一些研学目的地，家长拖着、驮着、推着、拽着孩子行走，为了多看点，从而多学点。这会让孩子产生厌烦心理，不利于家庭研学旅行的课程化、系列化和持续化。

建议家长们不要追求"都看了""必须仔细看"，就像前文剖析过的，研学旅行不能追求"到此一游"或者"到此必学"，而是在旅行的、体验的愉悦中有所收获。

另外，我建议，在旅行中有了研学的考量后，最好减轻孩子的其他负担，如背着书包、带上纸笔、做好记录、拍好照片等要求。要让孩子有"旅行中研学没什么压力啊""研学的目标很容易实现啊"等相对轻松、愉悦的感觉，而不认为研学是通关游戏般地完成任务。

可控性原则：从博物馆起步

一个博物馆就是一所大学校。上世纪的多个调查显示，美国、英国等国家博物馆周末的参观者中，家庭比例都超过了50%，于是更多的博物馆开始为吸引家庭开展了以儿童为中心的活动。而在此之前，学校组织学生参观博物馆、到博物馆学习是博物馆关注的焦点。现如今在我国，全国各地的"博物馆热"引人瞩目，博物馆的学校研学和家庭参观齐头并进，而后者的孩子更趋低龄化——很多年轻父母带着2岁到5岁的孩子到博物馆来体验。

再看供给侧的变化，媒体在"博物馆热"的兴起中起到了重要的推动作用。《我在故宫修文物》上映后的好评、中央电视台《国家宝藏》热播、《如果国宝会说话》刷屏、带着《丝路山水地图》走上春晚舞台的时任故宫博物院院长的单霁翔先生成为网红大叔……都让广大群众从一开始的博物馆新鲜"探宝"转向了开始了解博物馆、走进博物馆。据一些旅游平台提供的数据，故宫博物院、秦始皇兵马俑博物馆、中国国家博物馆等成为最受欢迎旅游目的地和景区。

作为参观主体，博物馆也开始重视公众教育，提供特定的服务、组织特定的展览来满足家庭研学和社会需要。其实早在20世纪30年代，我国的博物馆协会就认为博物馆不是专门保管宝物的仓库，而是一种文化机构，是以实物的论证来做教育工作的组织及探讨学问的场所。1979年国家颁布的《省、市、自治区博物馆工作条例》中也明确规定：博物馆是文物和标本的主要收藏机构、宣传教育机构和科学研究机构。2019年，在故宫报告厅的一项活动中，故宫博物院院长单霁翔也提到,"目前博物馆的公众教育功能要排到第一位"。

亲子共读在我国的推动和普及大概用了 20 年时间,亲子共研学似乎用不了这么长时间——有了共读体验的家长会发现,"共享"书本、博物馆这样的精神产品,不仅密切了亲子关系,也成为亲子间的共同经历,成为塑造家庭精神财富的重要手段。举例来说,博物馆研学倡导者朋朋哥哥最早就是在特定的亲子教育群中得到很多关心子女教育的父母的追捧,从而带动了更多家庭对博物馆研学态度的转变和行动的参与。

我大胆地猜测,我国的"博物馆热"将进入一个新的阶段,家庭会成为走入博物馆的重要群体,而博物馆也将"走出"博物馆,将公众教育深入社区,直通家庭,提供足够多的更加丰富的服务。博物馆研学会成为体验式研学旅行、博物教育的重要课程。

融合性原则:牵手学科阅读

研学中会有潜在的课题安排。清人张潮在《幽梦影》就有类似的说法:"善读书者,无之而非书:山水亦书也,棋酒亦书也,花月亦书也。善游山水者,无之而非山水:书史亦山水也,诗酒亦山水也,花月亦山水也";"文章是案头之山水,山水是地上之文章"。研学中有着各种各样的精彩"学业",比如八大古都、三山五岳、我国的世界文化遗产、历史文化名城、黄河万里行等,但未必需要让孩子知道,增加他们的压力。

研学中的课题安排要根据孩子的年龄和阅历、知识面等有所区分。举个例子。恐龙是孩子都喜欢的动物,一般是在 3 岁左右,然后慢慢淡忘，到了小学后或许是自主阅读能力的提高，也有和同学们"知识交换"的原因，又会"复兴"。对恐龙的这个兴趣或许会萌发孩子对天文、地质、生物起源等其他方面的学习兴趣，哪怕将来看《侏罗纪公园》这样的影片也会有独到的认识和回忆。

当儿子对恐龙表现出好感和爱意后，按照综合阅读维护阅读兴趣的原则，我们给他选了恐龙主题图画书、原版书、桥梁书、科普书、画册等数十本童书，从不间断，但也不是集中供应。北京的几个相关的博物馆，古动物馆、自然博物馆、天文馆、地质博物馆等都有恐龙相关内容的展示内容，我们都去参观过，隔三岔五在景山公园举办的恐龙展我们也去。放眼国内，江苏常州的中华恐龙园、四川自贡的恐龙博物馆和云南的禄丰侏罗纪遗址恐龙公园是我们接下来的研学目标。

殷飞老师感悟

家庭研学的主体是全体家庭成员，它不仅仅是为了教育孩子，也在塑造家长角色，同时构建新的家庭关系，营造共学的家庭氛围。在研学的过程中，家长除了对危险的预见以及部分知识的掌握具有一定的优势外，在探索性研究学习中，家长要时刻注意检视自己的知识是不是在阻碍孩子的探索，是不是框住了孩子的思维。

李一慢先生总结的四大原则既有理论价值又富有实践智慧，家长朋友们在学习参考时要细细品味，慢慢琢磨，勤于实践，总结超越。

第四章
家庭研学计划的设计路径

框架：整体规划先行

对研学目的地的了解越多，越能够设计出优质的研学路线。大家在阅读前面文字的时候，是不是已经开始进行路线设计了呢？

说到游学的框架设计，我简单套用一下"道法术"的思维模型。

"道"是事物发展的本质规律，"法"和"术"是事物发展的具体路径。本质只有一个，路径可以有很多。我们理解了家庭教育之道，那么遍地都是路，吃喝玩乐都可以是路径。所谓框架就是如此，领悟了本质，就不会拘泥于某种实践、某种方法、某种理论，而是可以以自己最熟悉和最贴近自己孩子的方式上路，奔向幸福美满的教育生活。

当然，我的框架设计也经历了从无序到有序，再从有序到无序的过程。既有野蛮生长，随意、任意的尝试，也有符合本质的"无招胜有招"的慢式设计；而我在这个过程中，也在不断地生长、吸收、调整。我的经验可以概括为三个策略——"分分合合""放下不表""我要和你不一样"。

"分分合合"可不是《三国演义》中说的分分合合，而是先借鉴各种"散"的经验,经过思考和提炼拧成一股"纲",再将这一股"纲"拆解为一次次的行程。"放下不表"不仅包含不去赶景点,也包括这样的情形:如果因为孩子在博物馆等研学点太有兴趣了,花费了超过计划的时间,我们就作些舍弃,改变一些计划,毕竟以后还有机会再来。"我要和你不一样"则比较简单,就是在规划和实施的时候,考虑到目的地的特定价值,或者换个角度进行价值重组。比如我们冬季爬山这样的安排就和许多喜欢在旺季旅游的人不同,又如很多人亲子游没有主题,而我们每次都要想好一个主题,这也是和大家不一样的地方。

这三个策略中,我认为"分分合合"是最难的。比如"长江诗词之旅",我们一家先解决学的组件——传统文化、诗歌诵读、喜爱的诗人……将这些子问题定位,然后找到彼此的边界,进行合理的拆分。而"合"就是根据自己的一定之道,再结合孩子的阶段要求、目标等,把各个分支系统像乐高那样组装起来。

相对而言,第一阶段的拆分更加困难。

拆分是需要业务聚焦的,合理的拆分才能合理地整合——这正是乐高的高明之处。拆分得越科学有序,整合的时候才更柔软、更人性化,更符合孩子的心理需求和父母所期望的学习需求,更可以因需而变,实现快速、敏捷地合。以我家的"海岸线研学"为例,不同的海滨有不同的特色,这些特色与我们一家人的生活、阅读、游玩等各方面都有契合之处,再加上之前有单次、单点的海滨城市游学经历,因此才能很容易地组合成不同的四段线路,而且是与孩子们一起规划出来的。如果随意组合,父母也搞不清楚到底要游学什么,大家玩也玩不好,学更是学不到,只好回到原点,重新架构。

好的架构像诗歌，像散文，形散而神不散，表面看有点儿混乱，实则高度有序，内在链接完美。

对于孩子来说，最怕的就是研学旅行安排过于复杂，游与学之间的逻辑混乱，超出自己理解的底线过多，跟不上，也就意兴阑珊、兴趣寡然。因此，研学路线的设计要整体概念清晰，容易理解，方便拓展，符合有趣有用有益的原则，满足孩子实施过程的参与感、探究欲望的成就感——"清朝探秘""长江诗词之旅"等都是如此。

对于父母来说，怕的则是研学内容过多，准备点多，自己"学"的素养不够（少、不专业），在孩子发问的时候无从应对。因此，要善于把各种旅游路线、学习体系概念化"嚼碎"了，加以吸收，进而结合自己特有的素养、自家的需求、孩子的兴趣，该深挖就深挖，该拓展就拓展，让研学的理念和想法落地，这样就能规划出家庭研学好路线。在研学的实施过程中，还要具备良好的沟通能力、自信心，确保家庭成员愿意接受并毫无疑虑地加以实施；此外还需要良好的平衡、取舍能力来应付路程的长短变化、目的地的各种突发状况……保证在既定计划和预算下的最合理实施。

就我十多年亲子研学旅行的经历和经验大体可以总结为几个阶段：刚开始时，主要是旅游的经验在主导，"学"的部分加入得比较僵硬、古板，不得孩子欢心，游与学相互疏离甚至割裂；经过对"研学"和"旅行"的深入分析，我们慢慢可以设计一个有点儿模样的路线，能把目的地与研学简单串联起来；再进一步地分析研学体系，分析众多旅行的目标，我们不再仅仅奔着一个景点和一项学习内容，而是可以叠加、可以组合了；最后，我们都有了更多的经验，抽象思维的高度有了，研学旅行的广度有了，心态也平和了，不再纠结游与学的比例分配，不再追求学习目标的达成率，而是更关注家庭游学的本质——一次快乐的家庭活动。

在此基础上，我们家庭研学旅行总体规划就形成了"千山万水960"和"他邦的文明"两条主线：前者是在义务教育阶段的9年间以国内旅行为主的研学，大致有60个主题；后者是孩子上了中学后开始的国际研学旅行。

基点：兴趣优先和主题先行

在搭设好框架后，家庭研学旅行的规划和实施与其他的项目、活动、课程等类似，可以分成明确主题、拟订计划、活动实施、总结表达四个阶段。

明确主题	拟订计划	活动实施	总结表达
·框架选点 ·关联学点 ·突出重点	·路线设计 ·沟通说明 ·活动安排	·按部就班 ·应对变化 ·现场生成	·各自表达 ·集体复盘 ·畅想未来

家庭研学旅行最重要的是以孩子为中心，在整个规划及实施过程中务必要以孩子的兴趣优先，设计主题和安排路线应从挖掘孩子的已知知识与研学目的地之间的联系入手。成功的家庭研学旅行必须始终将孩子置于每次体验的中心。

就我家的经验而言，初期的研学旅行设计一定要"依赖"儿童天生的好奇心。他们对各种"初见"的事物都感兴趣，我们要持续地观察，发现孩子的乐趣所在，鼓励和巩固孩子形成自己的兴趣。

研学旅行兴趣的维持取决于体验的设计。孩子在研学旅行中是积极的参与者吗？应对旅行中的突发情况、变更计划时，重视和尊重孩子的想法了吗？研学的"参与点""知识点"能鼓励孩子创造和发挥想象力吗？

如果我们要设计和实施以孩子为体验中心的研学旅行，就得"提供"开放性、视听化、游戏化、故事化的学习环境和学习方式，使得孩子可以以不同于家庭和课堂的方式建立关联和学习：孩子可以用自己的感官来解释所见、应用已知信息；他们可以主动去观察、体验、学习某个事物，而不是简单地听家长讲述。

这样的学习方式可以用一个词来替代——玩！

家长一定要注意，"玩"是不同于课堂中接受式学习、探究式学习的一种学习方式，是孩子们学龄前最为熟悉的学习方式。不要回避"玩"这个字，研学旅行就是要回到玩，孩子就是出去玩的，但要让他们在玩的过程中有所得、有所获，在研学过程中轻松地学、自由地学——"玩中学"。家长则要关注孩子"学"到了什么知识，以及在研学旅行中获得多少成功的经验。

因此，设计家庭研学旅行首先就要考虑"玩中学"的主题。

如何确定主题呢？

第一个方法是"框架选点"，即通过罗列法发现研学旅行的兴趣点。

有时候，让研学旅行经验较少的家长先有规划、先有主题确实有点儿难，但是，浏览了一些可以作为目的地的具体的"点"后，主题这个"线"就有可能出现了。

举个例子。连云港是我的家乡，我们常常从北京往返连云港，那么这个研学目标"点"是确定的，如何设计好中间的线呢？

我从两个角度来进行设计。

一是常规的自驾路线。从北京到连云港的行车路线，有高速、国道、省道、县道、村道，可以绕道、借道、顺道，我们也尝试着在这本来无须中途住宿的路程（780～840千米不等）中，将途经的河北、山东的城市作为研学和休息的"服务区"。这些变化本身也是孩子感兴趣的内容。

二是研学路线的变化。每年我们都要往返"北京—连云港"这条自驾路线，孩子小的时候，我们恨不得一口气从起点开到终点。随着儿女渐长，特别是女儿4岁后（儿子7岁），我们常常会选择途中某个城市研学，最早的目标就定为这个城市的博物馆。我们先后去了青州博物馆、潍坊博物馆、淄博博物馆、临淄足球博物馆、蒲松龄纪念馆、吴桥杂技博物馆、徐州博物馆、南阳汉画博物馆、天津博物馆、东营历史博物馆、孔府、孔庙、孔林、山东大学博物馆、山东博物馆、齐文化博物馆、齐长城、临沂市博物馆、临沂市银雀山汉墓竹简博物馆、临沂莒南的山东省政府和八路军115师司令部旧址、中共中央山东分局旧址，当然也有连云港市博物馆。

后来我们规划研学路线，就将其他线路上的"散点"加入这条常走常新的"北京—连云港"自驾路线中。比如，"古典文学研学旅行"中的蒲松龄纪念馆、水泊梁山、吴承恩纪念馆、花果山等目的地，"三国研学"中的诸葛亮祖居、辕门射戟台等。

同时，连云港也成了寒假里实施的长线路研学旅行的起点。我们家的60条研学路线中，有多条是从连云港出发的。这个起点也能成为新的"研学点"，发展出一条线：沿着连霍高速贯通东西的"穿越中国中线——陇海行/新丝路/新大陆桥行"。我们没有西行至新疆的霍尔果斯，而是从"海"走到了"陇"，到了天水就返回了。这一路，我们好似从花果山出走的孙悟空，从东部季风区到西部干旱区，从大海之滨到戈壁荒山，从平原到高原，从徐福出海到秦始皇陵，从孔望山摩崖石刻到麦积山石窟……一条线串联起很多点，也辐射成许多面。

第二个方法是"直奔主题"，即从孩子现成的兴趣点出发。

我在《一慢二看三玩——好爸爸育儿36计》一书中提出过"从起点到终点，喜欢就去做""有量变才有质变，静待孩子进步""按兴趣培养的前提是知道兴趣所在""给孩子贴上兴趣的标签"等观点，彼时我的儿子刚上小学，女儿刚上幼儿园，现在儿女都长大了，两人都有了各自的小目标、大梦想，当年的观点、实践和设想也大多得到了印证。因而，有时也可以不必考虑什么框架、什么设计，"说走就走"，"直奔主题"，只要大家对此感兴趣即可。

在不同的时空节点，孩子也可能产生不同的兴趣点。比如烈日炎炎的夏季，到哪里研学旅行呢？

前一个例子中的连云港是一个空间节点，我再举一个时间节点的例子。假设在暑假，一家人都想去海滨，都是美食爱好者，当看到"工业遗产"中的"青岛啤酒博物馆"，研学主题是不是就有了？再延伸的话，顺便去一趟青岛海产博物馆，还可以加入烟台的张裕酒文化博物馆和酿酒工业园，枣庄的中兴煤矿国家矿山公园，潍坊的坊子炭矿遗址文化园、潍坊大英烟公司，聊城东阿的东阿阿胶厂78号旧址等工业遗址，这样就可以形成"齐鲁工业发展"的研学旅行路线了。

有了山东省内的铺垫，还可以利用其他外出的机会，延伸出一条全国工业遗址、遗产的研学路线。这样就可以做到纵横交错、点线面结合了。

第三个方法则是从学业中找主题。

"点线面"可以互补，我们也可以从"线"和"面"中拎出来一个主题，或者通过把"小点"变为"面"、把"短线"抻长、把"小面"摊大来确定主题。

举一个例子。我们一家都很喜欢杭州，多次去杭州，时间累计超过一个月。我们还计划以后在杭州居住一年。那么杭州能策划出什么主题呢？我们作为过客，研学目标直指西湖，但在研学"主题先行"的规划下，可以将西湖与南京玄武湖、武汉东湖组合成"城市与湖"的主题研学。杭州作为南宋一朝的都城，被列为"八大古都"，这里有一些与中央集权封建王朝有关的经济、政治、文化研学点，可以列入"古都行"研学路线。我们在实施"长江诗词之旅"的时候，也曾把路线的支线延伸到杭州及周边。

实际上，还可以从"长江诗词之旅"横向扩展，结合杭州的人文地理、南宋历史和江南经济发展，设计成"杭州的古诗文"研学系列课程，沿着教材逐步推进。特别是对于中学生来说，杭州有太多的文史地研学目的地，比如：

1. 白堤：《钱塘湖春行》《忆江南》《卖炭翁》，兴修水利；
2. 苏堤（苏东坡纪念馆）：《记承天寺夜游》《饮湖上初晴后雨》《水调歌头（明月几时有）》《江城子·密州出猎》，历史《宋元时期的都市和文化》，兴修水利；
3. 陆游纪念馆：《十一月四日风雨大作》《卜算子·咏梅》；
4. 六和塔：赵宗成、朱明元的《观潮》；

5. 玛瑙寺与西湖：张岱的《湖心亭看雪》；

6. 拱宸桥：茅以昇的《中国石拱桥》；

7. 孙权故里：《孙权劝学》；

8. 良渚遗址：历史《史前时期：中国境内早期人类与文明的起源》；

9. 越王山城遗址：历史《夏商周时期：早期国家与社会变革》；

10. 大佛寺之始皇缆船石：司马迁的《陈涉世家》，历史《秦统一中国》；

11. 大运河：历史《隋唐时期：繁荣与开放的时代》；

12. 南宋遗址（皇城、岳庙、御街等）：历史《金与南宋的对峙》；

……

这样，以杭州为点的研学旅行就能发展出更多的主题，在不同的"点线面"间勾连、交互，实现多元的综合学习。

我想，不光类似北京、杭州这样的城市可以有家庭研学主题设计，只要我们抱有"读家乡·游家乡·讲家乡·爱家乡"的初心，一定能发现所居住城市的研学价值点，经过梳理、讨论，就可以带着孩子行走起来。然后，以家乡为原点，带领孩子，走向远方。如此一来，"以家乡为原点"完全又可以作为主题设计的第四个方法。

此外，前文介绍的家庭研学设计的"三环"思路也可以用来进行课题规划，甚至可以再细化一点儿。

"家乡一环"以外可以设立一个"文化二环"，即相邻地区（可以是省内，也可以跨省）有着相同或相近的自然地理环境和人文地理环境的地区，可以像"摊大饼"一样铺开，在同质的文化圈内设计路线，能求同也能存异，既是补充也是比较。在此基础上，进一步拓展"文化三环"（全国范围内）。

举个例子。河北邢台的研学资源丰富，可以设计古代科技主题（扁鹊庙、邢白瓷、邢窑遗址博物馆、綦阳冶铁遗址）、太行山红色主题（抗日军政大学、冀南烈士陵园、八路军129师司令部驻地、冀南革命纪念馆、董振堂纪念馆、吕玉兰纪念馆等）、工业发展主题（德龙钢铁文化园景区、君乐宝观光体验园）、邢襄文化主题。在"核心一环"的基础上，可以推进到"文化二环"。比如与隔壁城市邯郸合体的燕赵文化，沿着西部太行山拓展的太行精神，以扁鹊、郭守敬为起点的古代科学家等研学路线。

研学旅行的课题设计可以简化为"研学主题概括 + 资源特征/项目名称 + 目的地名称"，主题一目了然，一看就知道旅行去哪儿、研学内容是什么。比如"'太行精神，邢台先行'——邢台抗战红色主题研学""觉醒时代——北京红色景点研学""儒家二圣——曲阜、邹城山东儒家文化寻根研学"等。

有过几次研学旅行规划的经验，就可以在横向和纵向两个方向进行拓展，在规划设计新的路线时，可以对已完成的旅行进行关联和延伸，形成"领域—主题—课题—专题—单元—学习活动"的模块化、系列化研学课程。

支撑：巧妙结合学业

在确定研学旅行主题的过程中，前期所罗列的研学点或许会有一些微调，增增减减后，研学的重点就能凸显出来。我们要注意发掘这个"点"与学业的结合点,将其后巧妙地结合到旅行的活动安排中。而研学点能否与旅行中的"玩"恰当地结合,也会成为家庭研学旅行的支撑点——孩子能否实现"玩中学",家长能否确信自己的投入、付出得到"回报"。就我的观察、访谈来看,很多家长非常关心这个问题。

那我们就来了解一下研学旅行中的"学习"是如何进行的。

除了我国传统的"知行合一"理论外,我个人比较喜欢"早期学习模式"和美国教育家大卫·库伯的"学习圈"观点。

早期学习模式包含建构知识必不可少的五个关键因素,即探索、体验、概念化、想象和创造。这个过程是动态和无止境的,儿童受先天对学习和求知的好奇心驱动来探索他们不断扩大的世界。探索是一个主动的过程,从孩子一出生就开始了。探索让孩子得以体验各自的世界,通过感官(视觉、听觉、味觉、触觉、嗅觉)来收集信息。在占有信息之后,孩子会自觉不自觉地将其概念化,在与环境的互动中创建精神建构。孩子通过想象,解释他们所理解的世界,从玩耍、解释和社会化互动中形成观念。孩子利用自己的已知、探索的结果和经验、概念以及想象来表达观念,通过游戏、语言及有关行动来进行创造。

早期学习模式

随着这一过程的继续，孩子利用新经验改进自己的概念，通过过程建构知识。此时的知识体现了基于经验获得的新信息对概念的不断反思和重构。

研学旅行正是建立在"探索"和"体验"基础上的学习方式。探索、体验之后，孩子会有思维能力和创造能力的提升，故而我们在家庭研学旅行中要科学地尊重和鼓励孩子的探索和体验。

早期学习理论可以说是"知是行之始，行是知之成"的"流程化"表达。而大卫·库伯提出的学习是体验的转换并创造知识的过程的观点，就是一个首尾衔环的"体验学习圈"。

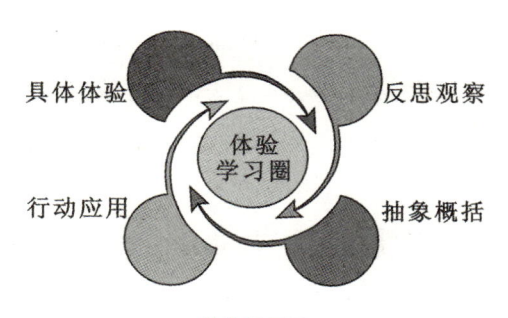

体验学习圈

如图所示，库伯认为学习过程是由四个适应性学习阶段构成的环形结构，包括具体体验、观察反思、抽象概括、行动应用等四个阶段。

我以"研学旅行方案设计"这个学习过程来举例。

第一步，行动。在设计研学旅行方案时，是找的现成方案，还是自己硬着头皮设计了一个粗浅的？没做过完整的家庭研学旅行方案，有没有做过其他的活动方案或计划？……只有自己亲身体验过了，才能知道：原来设计研学旅行方案的流程是这样的。

第二步，反思。一般情况下，只要做过方案、执行过方案，都会自觉或不自觉地"复盘"——特别是反思哪些做得不好，觉得后悔，认为再来一遍一定会更好……这很重要，但也要多想想"这个地方我这么做，为什么得到那么好的效果？"，这样就能够积累出符合自己家庭的观点、理念，可以自己家庭执行使用，也可以供其他的家庭参考借鉴。

第三步，总结。将在反思中得到的思考进行提炼，得出一般性概念。什么是一般性概念呢？就是发现规律。比如我每次遇到 A 情况，就可以用 B 方法去应对，就能得到效率最高的最好的结果。有了这样的概念性规律，下一次，我们就可以直接拿来指导行动。本书中的很多案例以及路线中各种问题的处理方法，都是我这么总结出来的。

第四步，应用。验证上一步得出的概念并将它们运用到实际行动中去。

这样完整的四步骤就形成了一个建立在体验学习基础上的能力闭环，也是在体验式中领悟经验，然后用经验改造行动的思维进化过程。

家庭研学旅行中的各种体验能帮助孩子在不断的"行动—反思—总结—应用"的过程中，自觉或不自觉地达成一个持续进步的良性循环。

"体验学习圈"的关键在于"体验"二字，这与我国自古以来在教育中融入的"体验"思想是一致的。虽然在中国古代教育中没有明确界定体验的概念，但体验的思想已有萌芽。孔子的教育理念中也包含有体验式教学理念，如"多闻，择其善者而从之；多见，而识之"，通过自己的亲身体验实践而获得知识。《淮南子》中"圣人以身体之"也强调了体验学习的重要性。

以上学习理论给家庭研学旅行的启示就是：坚持"知行合一"，要从行动开始，从"经验的学习"这个行动开始。

我们知道经验分直接经验和间接经验两种，阅读这套书就是在进行间接经验的学习。经验学习的行动之后，就是研学旅行的直接行动，接着要从行动中总结自己的经验，如果能从中提炼出规律，就可以形成自己的理念指导以后的研学旅行。同时，也间接为他人生成了"间接经验"。

常有人评论我是具有"学者思维"的"实践派"，或许就是因为我比较注重体验，注重在体验中进行总结和提高，发现规律再去行动，从而形成了"知行合一"的一些结论。

家长如此，孩子也同样可以在研学中行动，在与研学目的地之间的"对话"和"体验"中，获得"间接经验"，用"已知信息"解码"未知信息"，建立起前置学习与体验学习的验证关系，建立起纸面上的图文信息与立体的研学旅行目的地之间的深刻认知，甚至是思想和感情的关联。

这样的"学习圈"能够激发孩子的研学兴趣，刺激孩子对研学旅行的体验需求，使他们容易与家长的研学旅行召唤相匹配，进而达成共同意愿、共同思想、共同的价值观。这些通识是大家有共识的知识，而非只是"知道"的知识。在家庭研学旅行过程中，家长与孩子在实地共享知识更能形成共同意愿，建立共同的已知信息库。日后如果遇到类似的"体验"触发，孩子会更容易进行"学习圈"的循环。

体验:玩中习得能力

知晓了"研学"的具体含义,特别是我在前一节内容中特意列举了家长设计研学旅行路线的"体验学习"过程,我们是不是可以这么认为:研学旅行从明确主题、路线设计、活动安排等流程中就开始了。

我在《一慢二看三玩——好爸爸育儿36计》一节中提出过"家庭会议定大事""小仪式,大作用"的观点,这些观点在研学旅行的四个阶段都适用。

在"明确主题"后的"拟订计划"阶段,家长可以先提出一个初稿,然后召开专项家庭会议进行讨论。我在上面一书中《家庭会议定大事》这一节提出了"让孩子的话有分量""忍到孩子说完再发言""讨论请从平日始"等观点,也提出"孩子参与的家庭会议大方向应该在父母的掌控中,要给孩子提供表达的空间,帮助他们学会讨论和尊重他人的意见",学会"沟通和说服"。如果不能达成一致,可以进行投票。

无论是沟通一致,还是投票决定,行动方案确定后全家人就要坚决拥护和执行。

在这个阶段要注意,家庭研学旅行的"学"千万不要弄成课堂或者集体研学那样,我们已经反复强调了,务必是"童趣优先""玩中学""生活即教育"等理念的落实。一定要避免说教,避免家长单方面的输出。

就我家的经验来看,最好是事先了解并告知孩子目的地现有的一些活动资源，经过孩子确认后，将其正式列入家庭研学计划中。

第三阶段是旅行中研学活动的实施。

首先是需要按照计划"按部就班"，但也不必"一成不变"，可以关注研学现场的"生成"——生成本身就是教育的重要效果。

比如，有一些事先不知道，到了研学现场才发现而且孩子也很感兴趣的项目，建议毫不客气地"拿下"，不必以赶流程、赶时间为由拒绝孩子的参与。举个例子。有一次在首都博物馆参观"王后·母亲·女将——纪念殷墟妇好墓考古发掘四十周年特展"——这个展览本身就是我们参观殷墟博物馆、中国国家博物馆等相关文物后的"横向"追踪，我们在现场看到妇好墓复原沙盘这里，很多人在 VR（虚拟现实）眼镜前流连忘返。俩娃都十分感兴趣，虽然人多，但是我们决定排队等待。

我们戴上 VR 眼镜后，仿佛进入了上下六层、深达 7.5 米的虚拟挖掘现场，比在殷墟地下更能准确地了解墓穴全貌。因为 40 年前的考古现场发现，妇好墓是分层埋葬的，地下不同的深度埋着不同的随葬品。但伴随考古挖掘的进行，除

在首都博物馆感受 VR 观展

了最深的一层，其余几层已不复存在，就算我们曾立足现场，也很难想象当时的场景。首都博物馆因此想到运用 VR 技术进行现场还原，使参观者仿佛和考古人员一起发现了陵墓。

同样是"观看"的参与方式，用 VR 眼镜观看远比直接观看文字、图片甚至视频能带来更大的震撼效果。这也是符合儿童喜欢多感

官地体验学习的规律的。

在研学旅行的实施阶段，家长要注意给予孩子适当的指导，引导他们观察细节，产生问题。如果体验式的学习还不能让孩子得到解答，家长可以助推一把，"抛砖引玉"地说出自己的一部分想法，或者顺着孩子一知半解的说法做好铺垫。

有学者将研学旅行实施过程中的学习技能概括为六个方面：一看，即观察旅行现场的现象和事物，从而作出相关判断；二问，就是通过询问、访问等形式，获取第一手研究资料；三做，即开展采集、测量、实验等参与性强的实践活动；四思，通过独立思考或合作交流，进行推理探究；五写，记录数据、绘制图表、梳理资料等；六说，即通过汇报、表演等方式，展现研学成果。其中，"写"和"说"的能力在家庭研学旅行第四个阶段"总结表达"中也发挥着重要的作用。

在各种信息输入并经过思维的加工后，研学旅行的总结或创意性表达可以采用不同的输出方式，比如日记、手账、家庭报告会、研学报告、自媒体等方式。

我们家并不强行要求输出，一般会和孩子商量，由孩子来确定。不过，有的家庭会作一些强行的要求，也可以——因为父母最了解自己的孩子，孩子的潜力也是无穷的，有一些压力说不定也能促进孩子的创意性表达。

2021年的暑假，我和孩子在北京的李大钊故居研学，看到有父母"逼着"孩子录制视频。尽管我能看到孩子有点不情愿的样子，但她还是能够收拾情绪，对着镜头（很有可能是直播呢）侃侃而谈，这未尝不是一种锻炼。我甚至想，这样的方式是他们一家三口磨合之后的妥协吧。

时间：节假日、寒暑假、学段

什么时间开始研学旅行呢？

这个没有一定之规。我家俩娃都是在不满周岁的时候就跟我们"在路上"了。俩娃小的时候，我们多数是"游山玩水"，让他们适应在车上、在宾馆、在外就餐等离家状态。最重要的是，我们夫妻也要适应带着孩子外出的各种额外的"烦琐"事项。

有些父母在孩子3岁前就带着孩子去博物馆"体验"，孩子的注意力时间有限，能力也有限，他们睡了就找地方休息，说要回家就回家，老得父母抱着，大家都累个半死，也失去了兴致。

学龄前孩子每次看一个展览就可以了，一个小时左右吧；再大点儿就能看两个小时以上了，基本可以看完一个规模大的展览和一个规模不大的博物馆了。

学龄前孩子的研学旅行时间相对好安排，可以随着家长的时间档期进行。中小学生的研学旅行就得用好节假日和寒暑假。

现在国家法定节日放假11天，按照惯例，如果放假日不是在周三，常常利用调休的方式连续休假。因此一般会出现可以休三天的元旦、清明节、劳动节、端午节和中秋节，可以休七天的春节和国庆节。

家长工作忙碌的时候，春节是家庭研学旅行的最好假期。一来大家不上学不上班，二来是冬季，很多研学目的地处于旅游淡季，人比较少。虽然与旺季相比，研学活动会有调整和减少，但是主题和课题选择、设计合理的话，还是非常合适的。

工作不忙，或者可以安排上年假，我们会利用暑假出行——这是家庭研学旅行最常见的时间安排，也是研学目的地人越来越多的原因。

三天的假期可以安排"一环"内的家乡研学，寒假和国庆七天假期可以安排"二环"内邻省或线路清晰直接的国内研学，暑假可以安排需要较长时间的国内研学，以及国际研学旅行。

从学段来看，小学阶段我们基本上都是国内研学旅行，让孩子们对家乡、对祖国有较多的认知和了解。初中后才开始安排国际研学旅行。小学低段的旅行多建立在某个自然目的地的基础上，再嫁接"文史地艺"等多学科的研学内容。

我们在初三暑假会安排"大型""高规格"研学，一来是为刚刚结束中考的孩子减压，二来也是为孩子进入更加突出个人能力的高中学段，进行一次能力上的锻炼和提升。

我们家在儿子初三中考后，安排的是"他邦的文明：对立和融合——东欧和中欧研学"，去了莫斯科、波兰、柏林和布达佩斯。主要行程安排在波兰和柏林，各待了一周以上。之后我们会继续"他邦的文明：继承和发展——南欧和西欧研学"，重点是意大利和法国。

如今，很多注重素质教育的学校也会安排集体研学旅行，一般在春季、秋季和寒暑假。春秋季多为"一环"的研学旅行，寒暑假则是国内、国际线路皆有。家长要掌握有关情况，与自己家的研学旅行相互配合。集体研学自有其特点和优点，我们一般把决定权交给孩子——因为我们一直相信孩子的选择和决定，也一直都有研学旅行的安排，所以，孩子从来不"贪玩"，总能作出比较合适的决定。

都说高考前的高二暑假、高三寒假非常紧张，我们还没有体会到，但就我自己高二复习、高三应考的经验来看，安排放松、减压的研学旅行是完全有可能的。但这只是我的想法，是否真的进行则要看孩子的想法，无论如何，家长要充分尊重孩子的意见。

殷飞老师感悟

根据课程的建设理念，家庭研学旅行也需要有逻辑起点，我认为应该有两个逻辑进行互动：一是研学主题的基本逻辑，二是儿童研究性学习的逻辑。这两个逻辑没有谁先谁后，谁比谁更重要，脱离了任何一方的逻辑都不会有完美的研学收获。有什么？这是研学旅行设计时首要考虑的内容，因为不同年龄的孩子在不同的主题研学中收获不同。要对旅行目的地有充分的了解，网络为这一在过去看似不可能完成的任务提供了可能。怎么做？这受制于孩子的认知水平，同样的研学场所，不同年龄的孩子研究的方式、侧重点以及研究目标均有所不同。

李一慢先生结合研学方案设计的理论，从自己的家庭研学经验出发，总结出了逻辑清晰、重点突出的设计路径。有兴趣的家长可以根据自己的经验，结合他们家庭的做法，进行比对学习，取长补短，形成属于自己家庭的研学方案。

第五章
家庭研学旅行也可以课程化

指南、课标和学科素养

教育部为3~6岁的儿童教育编制了《3~6岁儿童学习与发展指南》，从健康、语言、社会、科学、艺术五大领域提出了一些建设性意见和规律性数值，用来指导幼教机构的保育教育工作，并参考"标准"实施和评估各项教育活动。

家有3~6岁幼儿的父母可以认真读一读这份指南，作为养育孩子的一个重要参考。

"课标"指《义务教育课程标准》。父母们也可以了解一下现在学校教育各个学科在小学和初中的知识体系，在设计家庭研学路线的时候，可以有意识地与孩子的学科学习作一些关联。

举个例子。我家的研学路线中有"长江诗词之旅"，其中的研学地点、诗人的选择，很多都与小学生必学的古诗词有关。"三国研学""水浒研学"也与五年级语文教科书中的"古典名著选编阅读单元"及初中的"名著阅读"教学相关联。

我认为研学旅行是一门课程，但又不是学校内部的课程，它更强调生成性、开放性。不管我们的研学旅行课程设计得多么完善，流程多么严谨，一定不要忽视它的偶发性、生成性、自由性和开放性，不然我们只是相当于把学校课程搬到了野外，搬到了社会，这是不对的。

　　研学旅行是综合学习，不仅是学习方法和能力目标的综合，也是学科核心素养的综合。因为常年做阅读教学研究与推广，我比较熟悉语文学科的四大学科素养，即"语言建构与运用、思维发展与提升、审美鉴赏与创造、文化传承与理解"。其实，各个学科都有各自的核心素养，比如思想政治学科的政治认同、科学精神、法治意识、公共参与，历史学科的唯物史观、时空观念、史料实证、历史解释、家国情怀，地理学科的人地协调观、综合思维、区域认知、地理实践力，数学学科中的逻辑推理、直观想象、数据分析，物理学科中的科学思维、科学探究、科学态度与责任，化学学科的宏观辨识与微观探析、变化观念与平衡思想、证据推理与模型认知、科学探究与创新意识、科学态度与社会责任，生物学科的生命观念、科学思维、科学探究、社会责任，体育与健康学科的运动能力、健康行为、体育品德，以及音乐、美术学科中的审美感知、审美判断、文化理解、创意实践等，都能与家庭研学旅行有机结合起来。

　　在具体操作中，家长可以提醒孩子从多学科角度去审视和看待研学规划中的安排，鼓励孩子"额外"提出一些想法，讨论后加入研学计划中。比如在我家的海岸线研学之"灯塔行"中，孩子提出要带上乐高玩具，我们就特意买了乐高灯塔套装，在路上拼好，到了不同的灯塔处，还让乐高灯塔与实物灯塔合影——果然，孩子的兴致更高了。我们还额外增加了"灯塔"主题书单的选择和阅读，四个人都有各自的"灯塔书"。

在孩子上初中前，我们还没有研读分布在高中各个学科中的关于学科素养的表述，但我发现，我们其实已经将众多的学科素养"融合"到"文史地艺不分家"的家庭研学旅行中了。

乐趣与兴趣

有人会说，爱好是从兴趣开始，然后变成乐趣。我不反对，但我觉得，孩子产生兴趣的对象需要先丰富起来，在不同的年龄段把这些对象推送到他们面前，鼓励他们体验，他们能从中感受到愉悦，那就有了兴趣。这么说的话，是不是先有（不一定是兴趣的事物的）乐趣，再有（对事物持续的）兴趣呢？

与对于学习兴趣的激发和维护一样，研学旅行兴趣的激发也适于在孩子的敏感期进行。

"无知无畏"的儿童对一切都是有兴趣的，都可以从各种体验中感受到乐趣，特别是在"发现"了自己想要知道、想要重复体验的事物后。

得益于我们持续的研学旅行，以及在亲子共读、亲子共玩中的渗透，我的儿子进入高中后一直对地理学科的学习有兴趣，从中也获得了乐趣和自信。经过"自我兴趣认定"，儿子乐于接受"地图迷""路线高手""地理达人"等类似的标签，也会用行动表明"我喜欢地理"：在家中喜欢阅读地理类书籍，研学旅行出发前会参与路线的设定，在博物馆看到有地图、路线的图式和展品就驻足仔细观看……

有了这些感兴趣的已知信息，孩子会更有可能关注相关未知信息，进而对其中某一个更细分的"兴趣"产生兴趣，不断深入"兴趣"之中，获得新的乐趣。积累了更多的已知信息，触发更多的思考和总结后，孩子还会主动拓展与之有关的不同门类的信息，发现知识之间的关联，获得更多的乐趣。孩子对所感兴趣的事物知道得越来越多，越容易关联更多的已知和未知信息——这些知识和思维的花花草草，让人的内心也生机勃勃。沉浸在生机勃勃中的孩子就会形成"万物可联"的思维模式，习惯性进行思维跳跃。

所以，在研学兴趣形成阶段，孩子需要家长来引导，目的是让他们感受到因为研学旅行而获得的乐趣。一旦"导航"至兴趣的路径，乐趣的坦途就在不远的前方。家长也会在引导孩子的过程中获得额外的乐趣，这些乐趣会促使家长将过去的"旅游"升级为家庭研学旅行。有了兴趣，感受了乐趣，也就有了很多生活的情趣，也容易滋养孩子的志趣，有助于培养出热爱生活、热爱生命、追逐梦想的孩子。

"玩中学"也要系列化

是否将"学"的内容与"游"有机结合是研学旅行与旅游的一个重要区别，如果能再进行系列化的规划和设计，就会收到更好的研学效果。

家长要善于发现不同研学旅行路线、目的地、具体形式（活动、展览、展示等）中的"同"，引导孩子就某一领域或某一个概念（所谓"大概念学习"）连续参与，深入体验，在多维度感受后发展多角度表达。这种对特定主题深入扩展的学习，会使孩子形成化零为整的思维能力，以及深入广泛地探讨问题的倾向和习惯。

家庭研学旅行系列化可以从纵向和横向两个角度去考虑。

纵向发展既要考虑孩子的身心发展阶段特点，考虑孩子从学龄前到高中的学习节点，也要考虑对某个研学点持续深入地学习。比如我们家的"知北京，爱家乡"研学计划是贯穿在儿女整个学生时代的。先从有趣好玩的目的地走起，然后培养孩子定期去北京的博物馆的行为习惯，再根据整体安排和各自爱好进行家庭的"集体研学"或个性化研学，如根据儿子喜欢探秘清史的兴趣设计的路线，根据女儿喜欢某个研学名师而参与的系列研学活动；还会根据特定的节庆和时间节点，策划和实施特定研学路线，如在2021年庆祝中国共产党成立100周年而特意走访了在北京的近10个红色主题研学点。这些垂直、纵深的研学无疑让儿女对作为首都的北京、作为历史文化名城的北京、作为国际交往中心的北京，有了更多更深入的了解，让他们更爱北京，更爱家乡。

横向拓展则既要考虑孩子后天培养的兴趣爱好，也要考虑某个研学课题的延伸扩展。比如我家实施的"中国龙""中国民居""中国交通网""他邦的文明"等研学主题，就已经是相对细化、微观，且需要更广范围内的研学旅行才能实现。

但是，我们不能因为纵向发展和横向拓展的难度大，就忽视了家庭研学旅行的系列化尝试。我们可以由浅入深地规划和实施，也可以与集体研学旅行相结合。

先举一个集体研学旅行的例子。清华附中是集体研学做得早、做得好的北京学校之一。2015年，高一学部到陕西进行历史文化考察；2016年，高一、高二学部进行综合实践文化考察，并将考察路线拓展到4条；2017年的研学旅行路线已经有了7条。学校的集体研学旅行从无到有，由表及里，由浅入深，从多年的实践中设计出了相对完整的课程内容。从受学生欢迎的几条研学旅行路线中，我们能感受到课程设计的巧思:"诗画江南·文脉千年"的浙江线、"溯源古皖·寻梦徽州"的安徽线、"历尽蜀道·品韵天府"的成都线、"塞上江南·神奇宁夏"的宁夏线等。学生连续参加几次这样的研学旅行,有助于在实践中建立历史视角,拓宽文化视野,提高综合素养,达成多个研学目标:感受祖国山河之美,了解丰富的历史文化,增强对国家的认同感;加深对中华优秀传统文化的理解;增强学生提高自主学习、独立探索的能力;增进师生的交流沟通,培养和谐的师生关系。

集体研学旅行也是横向和纵向的结合。特别是以文化考察为重要维度开展的学校集体研学旅行活动,可以在具体操作层面上丰富综合实践课程的开发与实施。在实施过程中,学校还尝试以文化主题或综合项目形式将综合实践课程的领域实施渗透,达到整合状态。在此过程中,学校充分发挥综合实践课程的跨学科、综合性、实践性特点,实现各学科和综合实践活动课程之间的相互促进、相互融通。[1]

我们家的"长江诗词之旅""三国研学"等路线设计也是建立在课程化的基础上的,可以与上述学校的集体研学旅行互相融合和补充。当然,最初的出发点是"系列化"——这是初级课程化,有了一些经验后,就可以朝着家庭研学旅行课程化的方向发展了。

需要注意的是,父母应该提前了解孩子未来的小学、初中、高中都有着怎样的集体研学旅行安排——有些学校的研学旅行路线是相对稳定的,可以事先咨询和查询。就我们家的实际情况来看,儿子参与学校的集体研学还特意选择了我们家庭研学曾经去过的徽州、桂林等目的地,不同的体验也是一种教育。

---

[1] 白雪峰:《研学活动"课程化"》,《中国教师报》2017年8月16日。

附

妹妹的研学日记：传话游戏

提问：爬山时怎么才能更有动力？
回答：做游戏啊！

今天我们一家和小欧阿姨一家一起去爬庐山。我们家是兄妹，他们家是姐弟，姐姐田田比我哥哥小一岁，而我又比弟弟柱子大一岁，都是玩家好手。

上山是带着期望的，大人孩子都奋勇当先。下山一则累了，二则泄了气，同样的路途变得艰难起来。于是，我们开始玩起了"传话游戏"。不一会儿，大家的精神都放松下来，也就不觉得累了。

游戏是这么玩的：两家8个人，排成一列，第一个人想一句话，然后传给下一个人。依次传下去，最后一人要把听到的说出来，看看对了几个字。

我信心满满，觉得自己一定能准确完成传话任务。但是，我没有听清田田对我说的话是什么！只大概听到了"爬山真……"，后边的词是什么呢？常言道"上山容易下山难"，现在下山这么费劲，嗯，田田说的一定是"爬山真容易"！于是，我就把这句话传给了后面的哥哥，哥哥往回走了几步，传给了在队尾的老爸。爸爸大声说出了"爬山虎真便宜"，我们都哈哈大笑起来。

猜猜最开始说的是什么？——"爬山真有意思"！

"数步子游戏"　登山途中一起玩游戏，有趣又轻松

殷飞老师感悟

家庭研学要有家庭的个性化，但是家庭教育不是独立于儿童发展的额外体系，而是和学校教育、社会教育相辅相成、协同发力的有机整体。一些家长认为旅行就是玩，要适可而止，不能影响了孩子的学业，这是将研学旅行和学校学习对立起来了。

李一慢先生结合《3~6岁儿童学习与发展指南》以及《义务教育课程标准》解释了家庭研学旅行对孩子在校学习的促进与融合作用。学校教育的课程是为了孩子的全面发展而设计的，这和家庭研学旅行的目标相辅相成，且家庭研学的目标应该和国家设定的学校教育目标相向而行，而不是背道而驰，二者只是方式和载体存在差异而已。有兴趣的家长可以根据孩子在学校的学习内容，有针对性地选择研学旅行的目的地，家校合作促进孩子核心素养的养成。

第二编

家庭研学的实施

第一章
拆掉思维里的墙

"没有时间"和"没有能力"

引领家庭和家庭教育走向"远方",需要家长的聪明智慧。当下,整个社会的节奏依旧快速,"忙爸爸""忙妈妈"很多——如果爸爸说"好忙好忙",大多不是因为陪伴孩子陪伴家庭,而是为了工作忙、事业忙、梦想忙;而妈妈说"好忙好忙",为了家庭和家庭教育的忙与为了工作忙、事业忙、梦想忙的比例似乎同样多。看来,妈妈才是"最忙"的人。

同样深沉伟大的亲子之爱,父爱母爱有着不同的表现。美国心理学家、哲学家弗罗姆在《爱的艺术》中说,母亲是我们的故乡,是大自然、大地与海洋,而父亲代表人类生存的另一个极端,即代表思想的世界,人所创造的法律、秩序和纪律等事物的世界。

现状如此,忙总是相对的,"忙爸爸""忙妈妈"说的都是工作上忙碌,这是值得称赞的。那么工作之余呢?爸爸们是否依然远离孩子的需求、远离家庭教育呢?

"忙爸爸""忙妈妈"不妨在自己的时间计划中,把适时、适当开始家庭研学旅行当作一项必须做的事情,将其纳入时间管理的要素中。

我特别建议，爸爸和妈妈可以作科学的分工，可以将承担家庭研学旅行的职责具化到"忙爸爸"的时间表里。

列入家庭和家庭教育的时间表里，就有了实操的可能性，也就有了对所谓"没有能力进行研学旅行路线的规划、设计和实施"的觉察和反思。

2021年国庆，因为儿女的学业较重，我们没有安排远途研学旅行计划。但是受到亲人的召唤，"被"参与到京郊西南、省外的一个去过多次的休闲游目的地——野三坡。因为没有事先的规划，孩子一开始不愿意去——这就出现了孩子"没有时间"的状况。

我们没有强迫，而是尊重孩子的选择，但我们也作了充分的"推荐"和商议。胡老师展示了视觉效果非常不错的有环保理念的民宿小院，我也临时提议不必再去已经去过的景点，而是去50千米外的紫荆关长城，这就与众多的"已知信息"关联起来：内三关、长城抗战、太行八陉等，也可以"联自己"曾经有的体验——"内三关"之一的居庸关、箭扣长城等。同时，我也提出第三日回程可以去高速路边的一个重要的研学目的地——周口店遗址（博物馆）。这对开始正式学习中国历史的初中生来说，还是有一定吸引力的。

于是，女儿调整了自己的时间安排，愉快地参与到这次"休闲为主、研学为辅"的家庭研学旅行中。

从上一个案例来看，研学知识储备和路线规划"没有能力"的转变需要在日常生活学习中做个有心人。我们可以利用网络上的知识来应付一般性的查询和策划。

问题、对话与学习单

我研究和推广的阅读五策略（联、影、问、预、结）中有一个叫"问策略"，也就是帮助孩子学会设问、促进思考。我们以为孩子都会提问，实则不然，很多孩子不会提问，或者说无法有效提问，无法运用"自问自答""我问你答"等"问策略"引发思考，促进思维能力。

"问题—回答"是学习产生和持续的重要方式，问题引发兴趣，兴趣激发思考。就像爱因斯坦所说：提出一个问题往往比解决一个问题更重要。在以探究体验为主的家庭研学旅行中，家长要鼓励和尝试提高孩子的"提问—回答"能力，创设游戏化的"提问—回答"机制。

就我的经验而言，家长一定要学会并使用"开放式提问"，不带预设地提问。只有标准答案的、一定要引导孩子答出预设好的答案的提问就是不开放的提问。家长朋友自谦或心虚的"理工科思维"等说法，表明我们过去受到了太多的封闭性提问教育，总是希望给孩子一个标准答案。一旦孩子"胡思乱想""胡言乱语"，就活生生地被拽回到"正确的道路"上。孩子既觉得信心受到打击，又会感到很无聊、没什么意思，从而被扼杀了研学的积极性。

建议家长在研学时，尝试着这样问孩子：你刚才仔细地看，观察到了什么？是什么让你这么感兴趣？

不要用自己观察所得到的答案去对比孩子的答案，与其关注"对不对"，不如关注"孩子真正关注的是什么"，家长还可以进一步思考："为什么孩子关注的和我关注的不一样？"多次这样对话和反思后，家长就会提升作为"教员"的能力，就可以优化以后的研学旅行的设计和实施，调动更多的学习资源。

如果亲子间已经可以进行充分的对话，家长可以平行地、独立地说出自己的观察所得，或者根本不需要说出自己的观感，只做一个倾听者。

一切教育皆为对话。研学旅行是实践教育，是体验教育，是孩子与旅行中感受到的一切事物、接触到的一切人物对话的过程。"提问—回答"也是对话，更是一种高级的对话。研学中的对话常常开始于孩子的驻足观看、凝神思考，家长要主动观察，发现对话的契机，在对话中发展孩子"提问—回答"的兴趣和能力。

有了对话，也就有了思考，有了联结、预测、总结等思维活动，一旦孩子的大脑开动起来，也就有了"表达创作"的可能性——也就有了有效的研学旅行的输出。

那我们如何在研学旅行中与孩子互动和对话，以落实各项教育呢？

研学旅行中互动还是不互动，要看孩子的状态，以孩子是否有兴趣、是否熟悉并接受与家长的互动方式为参考。家长不管不顾孩子的情绪，一味讲解的话，非常容易变成"辅导作业气到崩溃"的家长，自己会有压力和额外的"责任"——好不容易备课了，说给你听还不好好听！孩子也会有压力——好好地来看展览都不行，又被爸爸妈妈弄成了课堂！

我们的做法是讲解得非常少，而把重点放在了挑选研学目的地以及具体的行程和活动上，放在摸清楚孩子的兴趣上，投其所好，孩子们自然就会关注到研学内容。比如在博物馆研学的时候，他们一旦发现感兴趣的展览或展品，就会自己想方法研学——可以蹭听，可以租用讲解器，也可以单独花钱请解说员。

但是我们也不消极，而是积极地寻找机会，尝试着以不同的方式和内容与孩子进行互动。就我们博物馆研学的经验来看，有六种方式的对话可以有效地辅助孩子学习，分别是读说明、谈特征、论情景、比价值、联知识、作总结。此外，还有一种被我称为"穿针引线""借力打力"的"提问—问答"方法。当孩子有了疑问提出问题时，我会重新把这个问题抛回去，听听孩子的想法——通常孩子有了疑问，自己也会有"不成熟"的答案，家长要做的就是鼓励孩子说出来。我还会把这个问题抛给其他的孩子——我家有俩娃，完全可以接得住；如果是多娃共同研学，这是非常实用、有效的方法。然后，孩子慢慢地养成了主动思考的习惯——这应是研学旅行的重要教育价值。

其他的研学目的地可以根据不同的学习目标、场所的特点和"娃情"——孩子是否有兴趣、经验多少、能力基础等因素，由家长来决定给予怎样的指导。

有时候，可以把指导落实在学习单上。

"学习单"的名字听起来新，实际上形式与以前的"作业纸""试题"类似，主要内容是知识的概括、梳理、提示，以及孩子运用短期记忆和已知信息进行的答题。对于学校而言，学习单的学习不但可以弥补教学和内容的不足，还可以培养学生自主学习的态度。对于研学点而言，它是各种展示、活动、体验的延伸，可以补充展示上的不足，也可以强化"实物学习"的本质，引导孩子对实物的观察、分析和探讨，是研学旅行学习设计的实践和教育的一种手段。

接下来，我们以博物馆研学为例来说说学习单的类型和设计。

不同目的的学习单，适用于不同类型的展览和不同年龄的孩子。在现场寻找答案的观察型学习单，适用于诠释型陈列、学术解说陈列，如自然科学类展览和历史陈列，以及年龄较小、经验较少的孩子。参观完后鼓励表达内心感受的学习单，则适用于呈现型陈列、鉴赏陈列，如艺术类展览，以及年龄较大、经验较多的孩子。

我们在设计学习单之前，首先要考虑研学主题、展示类型以及"娃情"。其次是必不可少的与作业、试题本质相同的问题形式的设计。游戏化、可视化、客观化、开放式问题是容易受到孩子喜爱的类型。

建议多使用可视化题目，比如图形观察连连看、配对；圈选（可以排除，也可以多个选项）；画图（或上色）；填空（填字游戏、填入答案）；只打"√""×"的判断题也挺好；如果要简述题，最好采用开放式的问题。

兴趣驱动

我在这本书中有三节都讲到了兴趣：刚开始研学旅行要遵循"趣味性原则"，在设计研学活动时要"兴趣优先"，在持续进行研学旅行时则应以"兴趣驱动"。

还是以博物馆研学为例。如果家长知道孩子对哪方面的东西感兴趣，那就带他去哪种类型的博物馆。孩子爱上博物馆源于那些他真正感兴趣的东西，家长要做的是，帮助孩子学会利用博物馆来学习他感兴趣的东西。

博物馆是一个自主学习的场所，一定要以兴趣为主导。作为成人，我们也只能做到停下来看看自己感兴趣的事物，更何况孩子呢。兴趣是学习的开始，没有兴趣，学习就不会真正发生。当家长强迫孩子看一个东西，企图激发他的兴趣时，如果孩子不感兴趣，他们就会敷衍、抗拒。我在博物馆经常会看到拽着孩子听讲解的家长，那些时刻，我也总能看到孩子心不在焉的眼神。如果是孩子不感兴趣的话题，讲解就是浪费时间；如果是孩子感兴趣的话题，讲解的确有助于他了解一些信息。对于孩子来说，真正的学习发生在思考的过程中，而不是被动接收信息的过程中。

一年级上册语文课本中的《明天要远足》写道：

翻过来，

唉——

睡不着。

那地方的海，

真的像老师说的，

那么多种颜色吗？

翻过去，

唉——

睡不着。

那地方的云，

真的像同学说的，

那么洁白柔软吗？

翻过来，

翻过去，

唉——

到底什么时候，

才天亮呢？

我听作者方素珍女士说过，这正是要研学旅行前因为激动而睡不着的真事。家长可以借助孩子旅行前离家的激动心情和旅行后回家的兴奋余情，尝试再"延伸"研学的范围。

我们在参观了殷墟博物院后，孩子一直对青铜器和妇好墓地出土文物感兴趣，我们就多次去有关博物馆观看相关展品，翻找或借阅或购买与之有关的图书，把兴趣和热情尽可能地延伸下去。

这种"延伸"也能影响孩子思考的深度，说不定他们可以从这一个兴趣点延伸出更多的兴趣点，增加更多的学习机会和学习内容。

聚焦能力

研学旅行是一种体验学习，这种体验学习有没有一些明确的学习方式？旅行中研学到底能提高孩子的哪些学习能力？

"用眼睛看""用耳朵听"是儿童获得信息的重要手段，研学活动就包含了这两种活动形式。我们可以采用"观察全貌""观察细节""查找资料""倾听""问询""访谈""复述""转述""问答"等能力型活动来设计和安排。"动手动脚"的方式也非常常见——动脚不仅仅是移动，我们还可以将其拓展为"记录""绘图""测量""计算""总结"等活动。

一个人的学习能力包含外显和内隐的策略、方法、技巧等。外显的学习能力包括听讲、阅读、查资料、写概要、列提纲、做笔记、图文写绘、复习、反复练习、参加评估等学习过程的技术性能力。内隐的学习能力是指学习者内部的认知技能，包括如何通过自己的认知活动或心理操作接收更多的信息，通过何种策略对信息进行解码和加工，如何编码存储、理解记忆，又如何判断时机提取和应用信息等策略性能力。

对低龄孩子来说，我认为观察力、想象力、表达力这三种基本能力是非常重要的，在家庭研学旅行中，这三种能力都可以得到开发和训练。

前文提到了家庭研学旅行的规划由家长主导，邀请孩子一起参与，这项"工作"可以提升孩子的全面思维能力。

研学旅行前一起制订出行计划，不仅让旅行更有意义，还可以让孩子的思维更加开阔，放手让孩子制订出游计划更是给了孩子自我管理、关爱他人的机会。在准备旅行的过程中，孩子做事的预见性、计划性和严谨性会得到锻炼。

在旅行途中要根据实际情况对计划作微调，每天睡前可以过一遍次日的安排。如果时间较长的旅行，可以在中间节点作个"阶段总结"，讨论过去几天分工的执行情况，讨论消费支出的情况。这样的计划与变化的合理安排，能锻炼孩子应对未知情况和解决问题的能力，让孩子学会分担和服务，学会对时间和财务的有效管理。

研学旅行规划时要符合家庭研学理念，避免变成走马观花、面面俱到的"旅游"，也避免"只学不游"。首先要明确和阐释研学主题，罗列出与主题密切相关的目的地，然后再依据路线便利与否、目的地在一天里的时段合理性、体力消耗量、午餐晚餐安排等客观条件，说说自己的想法，听听孩子的"心声"——孩子一开始的表达可能会让家长觉得"幼稚"，但是这种表达很重要，也是孩子了解和学习家长的不同考虑的机会，多几次讨论，孩子也会改进基于他们立场进行信息收集、推论整合、统筹安排的可操作性方案。

在我们家，分工是明确的：出发前，我和儿子负责路线规划、设计，写出计划书、作出日程表，胡老师和女儿负责准备物品，特别是各种证件、图书和视听设备，并提前购买好食品。

我们在确定主题和路线后，全家人会运用"联策略"，调动自己的已知信息库，说说各自对目的地有哪些了解，尽量勾连更多的已知信息——家长可事先对有关书籍、教材进行了解。

家庭研学旅行有助于启蒙孩子的"财商"，锻炼孩子的财务管理能力。旅行前的规划很容易"顺水推舟"地引导孩子关注旅行的各项支出。我的孩子因为参与早，年纪很小，没有多少金钱和消费概念，我们只是告知，有时候让他们猜一猜，他们口中的数字与实际可能会相差甚远。随着他们在居家生活、幼儿园学习、社会交往中可以关联的已知信息越来越多，他们的"财商"也在旅行规划和实施中得到"复习"和"印证"，发展出很有童趣、很符合个性的金钱观和消费观。

平日里，我们家鼓励孩子用自己的钱买喜欢的玩具、"计划外"的食物和书籍，再大一些，就允许他们自己购买一些学习用具、电子设备、衣物服饰……目的是让孩子在确权的基础上，行使自己独立支配财物的权利。所以，他们在参与家庭研学大的预算后，会根据自己的"小九九"带上现金，购买自己喜欢的物品。

在旅行时，兄妹俩经常想买自己喜欢的东西，我们慢慢形成了一些财务制度。比如，旅游纪念品可以每人选一个告诉爸爸妈妈，由我们掏钱买，要是谁想买第二个的话就得花自己的钱了。不过，既然是"自费项目"，他们就有了更多的思考。特别是哥哥，很多次有购买冲动时都是经过一番思考，最终买了自己最喜欢的那一个。妹妹与之相反，是看到眼里喜欢上了基本上就要去购买，但因为财务制度的限制，她也会作取舍，她偶尔还会央求哥哥给她买。哥哥总是念叨着"回去要还钱给我啊"，事后妹妹有没有还不清楚，但这也成了兄妹俩的共同生活、共同乐趣——或者是哥哥"悲催"的回忆吧，将来他会不会说："妹妹小时候啊，总是蹭我的钱买东西……"

在旅行购物上，我们也会作些机动的调整。比如儿子喜欢一种我们家长看起来不那么"高大上"的旅游纪念品——折扇，开始他要买的时候我们还试图反对，后来发现这些折扇有"文化"：避暑山庄折扇上印有清朝历代皇帝，瘦西湖折扇后印有八大山人，武赤壁扇子上印有《赤壁赋》，文赤壁扇子上有《念奴娇·赤壁怀古》……这何尝不是阅读呢？女儿喜欢各种好看的梳子，我们觉得梳子太多了，牛角的、桃木的、玉石的、楠木的、骨头的、贝壳的，买那么多干什么。后来发现梳子除了材质不同外，内容上有金陵十二钗梳子、京剧脸谱梳子、"最忆是江南"的三潭印月梳子……这何尝不是故事呢？这些小小的物美价廉的纪念品不也成了记忆的一部分，成了一家人幸福时光的吉祥物吗？

而且，我们会发现，家长的观念是在全方位地"传递"给孩子。我们有意识地锻炼过孩子的"财商"，让他们掌握自己的钱，让他们可以"任意"——实际上是在父母的帮助下合理使用自己的钱。我们家有放置公共开支钱款的地方，孩子有需求可以自己取用，他们的合理购买需求我们较少驳回……总之，孩子都非常"大方"，他们甚至愿意承担研学旅行总费用的20%——用他们自己的钱。

这种认知与生活互为渗透，成为孩子良好品性的组成部分。举个例子，他们都愿意为敬老花费自己的钱。家里如果要买个什么"大件"，他们也会提出可以花自己的钱。

家庭研学旅行有助于提高孩子的生活自理能力。生活自理的内涵已经发生了重大的变化——"只要手头有一部智能手机，生活一定能自理"，其实，这里的"生活自理"仅仅指基本的个人生活部分，说得再具体点，就是"吃喝拉撒睡"。问题是，当代很多的人个个都是"吃喝拉撒睡"的自理高手，但是他们真的不能"生活自理"！所以，我们也要给"生活自理"的内涵升级，即培养孩子的独立精神——心理适应能力。这个能力是指有效地处理日常生活中的各种需求和挑战的能力，是个体保持良好的心理状态，并且在人己、人人、人事、人物的相互关系中表现出适应和积极的行为能力。

当然，旅行前的准备工作，自己能做的一定要自理。兄妹俩很小就有各自的"流浪天涯小背包"，里面装什么自己决定，一路上也都自己背着。衣物服饰等的整理，从一开始我们做主到半自主再到完全自主，从一开始需要我们帮着列清单到自己列清单再到不用清单，他们整理个人物品的能力大大提高，完全不用父母操心。

因为是自驾，我们不必一人一个箱子，但会有共用的箱子，用来装洗漱用具、换洗衣物，有专人负责推拉；然后一人一个背包，主要是随时用到的物品，特别是学习和阅读用品。

这些小小的自理行为，都有助于孩子精神上的独立，长大后避免成为不能"生活自理"的人。

家庭研学旅行有助于增强孩子的感受力和表达力。研学旅行中，我常常发现我们一家四口对同一个事物，或者旅途上偶遇的同一个人，有着同样的关注和情感迁移。这不仅仅反映了价值观的趋势，也是孩子基于观察能力的感受力的提升。

我们从儿子很小时就开始家庭研学旅行，妹妹与哥哥相差不到3岁，她开始"在路上"更早，对一切都会好奇，都愿意观察。而研学旅行提供了比居家生活多得多的丰富的观察对象，可能是婴幼儿的缘故吧，她很喜欢"看"各种各样的人。可以说，女儿从襁褓中就开始有"人生阅历"了。

女儿初二时在学校参加秋季运动会，结束后她向我们讲述了几件事：班里两位参加400米比赛的男同学，开始时领先，然后相继摔跤，爬起来不顾摔伤流血坚持再跑；参加800米比赛的女生并不擅长这一项，但为了班级荣誉也拼尽力气在前领跑；自己参与的400米比赛，同学一路加油鼓劲并在终点迎接她，让她倍感温暖。很显然，女儿的这份感受力和共情力与居家生活、研学旅行、社会交往的点滴教育都有关联。

当然，旅行中的风物、风景也是孩子们愿意持续观察的。我们为他们都配备了小相机，方便他们随手拍下沿途的风景、人物，方便制作手账，或者是精选冲印摆放在家中，当作美好的回忆。

制作手账和记日记是我们家非常重要的两种表达方式。我们常常一家四口每人带一个日记本，每天入睡前记笔记，这有助于孩子养成记录的好习惯。

购买目的地的明信片，然后寄给家人，寄给自己，也是很好的表达方式。

我们还会发展出一些研学纪念品的购买和收藏，比如博物馆的纪念币（因为是投币购买，容易引发孩子的兴趣，现在多数是扫码购买了）、目的地的地图（随着智能手机的应用，地图已少有售卖了）、折扇、画册、冰箱贴，上面都有与研学有关的图文……大多是孩子花自己的钱自主购买。这些物品都会成为美好回忆的一部分，当需要某种表达，比如习作、演讲时，都是很好的素材。

多带孩子游走，就可以真切地发现孩子的兴趣，也会发现孩子兴趣喜好的发展路径。我们可以为这些路径添砖加瓦，再开辟支线，我们还可以随着孩子自由奔跑，我们会发现，原来有这么多有趣好玩的地方，我们都不知道！

殷飞老师感悟

家庭研学旅行作为一种独特的研究性学习方式，它一定有着相应的科学原理和规范操作，这让不少家长望而却步，担心自己的能力不足，知识储备不够，影响孩子的成长，或者达不到研学旅行的目的。

李一慢先生根据自己的心路历程，客观而又有温度地向家长们袒露了自己的经历和思考。他首先让家长们要有信心，放下各种自我设限，告诉家长们"时间"和"能力"不是问题，真正的问题在于家长对自己的信心，有了信心就不会在各种可能的困难面前退缩，而会为了孩子勇往直前。

当然，信心也不是空喊口号，李一慢先生用十分具体的方式告诉家长们，如何通过对话和学习单的方式，激活孩子的兴趣爱好，从而提升孩子的综合素养与能力。这个过程是可学、可模仿和可复制的，有兴趣的家长可以从某个周末带孩子出门开始进行尝试，通过交流讨论，尝试着激活孩子的问题意识，培养孩子主动参与的动机，提升孩子的综合能力。

第二章
研学始自家里

引导：不做家长做学长

在家庭研学旅行中，家长应该是"旅行"的领头羊，让孩子感觉到安全、舒适；在"研学"上只以辅助者和建议者的身份"若隐若现"——其实，家庭中的研学（辅导）也应该是这个定位——不做家长做学长。

最近，我常常在讲座和培训的间隙问大家有哪些印象深刻的与家庭教育有关的格言警句，然后我再引导他们作些思辨。比如，听到有家长说要"根据孩子的兴趣去培养"，我会问"孩子的兴趣从哪里来？""孩子体验过哪些兴趣？""培养过孩子哪些兴趣？""孩子对哪些兴趣不感兴趣？"；有家长说要鼓励孩子"做最好的自己"，那"怎样是最好的自己？""孩子心中最好的自己是不是都是过去的某个时刻、某个情形下的自己？""当下和未来能不能出现最好的自己？"……我们常用这样的话语来导入一些情形，表达自己的理念。我的追问则试图引发大家更深入的思考。

在一次家长讲座后，有一位听众问我是如何做到研究者、创作者、推广人、好爸爸集于一身的，我的答案就是"看书、思考、去做"。这三点都是最朴实、最简单、最广为人知但最不容易做到的，我们还常常希望孩子能做到，那么，以"家长"的身份去提要求，不如以"学长"的身份先去做，并且做到一定程度，"学弟学妹"们就更容易做一个"跟屁虫"。

有读者问过我这样的问题："作为理工科父母，如何才能培养自己的文史地艺素养，从而帮助孩子？"我个人认为，这样的问题是有思维陷阱的，理工科父母与文史地艺爱好不是对立关系；理工科父母不是非要变成文史地艺爱好者才能培养好孩子……

这样的固化思维也是需要打破的。

怎么办？多读书。

可惜的是，很多人在高考以后就不怎么阅读了，大学毕业后也不怎么学习了，认为只要埋头实干就可以。

实干当然重要，认清事物的本质、厘清事物运转的底层逻辑，多角度看待事物……这些更是不少人在学生时代就没有搞清楚（或者无法搞清楚）的大事。我们应该扭转自己的固化思维，不去纠结过去，而是立足当下，坚持学习。

在一次家庭教育直播中，我的主题"不做家长做学长"引起了一些关注。这句话既是我们夫妻俩的写照，也是我的一个建议：我们要做终身学习者，才能影响孩子成为终身学习者。学长既是孩子的同路人，又可以是孩子的领路人。学长意味着我们比孩子早上学，但未必比孩子学得多、学得精、学得专。与孩子同龄的我们当年，是没有他们如今的眼界、阅历的。这既是国家发展的进步，也是人类文明的进步。

我在一次演讲中，讲过三个人的故事：

第一位是一个 2 岁半孩子的爸爸,在当上爸爸没多久的 2019 年国庆节,他开始在微博上记录育儿心得。两个月后,他有了这样的收获:"两个月,我写了 300 条微博,阅读量过万的有 30 条,过 10 万的有 3 条,一篇儿童心理学书的读后感阅读量有 30 万。最大的收获,还是自我成长。"写了一年之后,这位爸爸记下了当时的感想:"以前刷微博是为了学习育儿,现在写微博还是为了学习育儿。给予孩子更好的养育,是我的初心。写作,是最高效的学习。"他正是以学长的心态和姿态在学习。

我介绍的第二个人物是一位 60 岁的"闲人"刘大姐。刚退休时,大姐跟着同龄人跳起了广场舞,但她觉得太单调,就到处拜师学艺,到网上找视频学习,还曾经委托我在北京舞蹈学院附近的专业商店购买光盘。几年过去了,"闲人"刘大姐编创出 500 多部原创广场舞,在网络上广为传播,供其他人借鉴学习。

第三位就是我本人。我是提出"不做家长做学长"的人,是一个爱学习、爱走在孩子们前面学习的人。当了爸爸后,我就开始读书给孩子听。认识到亲子共读的益处,就各处宣讲推广,成了北京市首届金牌阅读推广人,成了微博、今日头条、宝宝知道、三联中读等平台上的育儿"大 V"(指在社交平台上具有较高影响力和大量"粉丝"的用户)。我带着孩子一起去感受和体验各种兴趣,我和孩子一起写日记,在孩子小升初和中考的关键年份我也去考研,我坚持放下手机天天看书,我坚持克服病痛长跑健身……

三个人,都在当下这个时代努力学习着。显然我们都是终身学习者,都是自己孩子的,也是更多人的"学长"。

认清自己是学习者的身份,就可以多一种视角看待孩子。

我还有一个小小的建议：孩子学了什么兴趣，可以请孩子来教教我们。比如我跟儿子学过几个幼儿舞蹈片段，跟女儿学习弹钢琴……我能感觉到孩子把老师对他们的要求、说过的话，"有一说一"地讲给我听了。即便我们不懂"教学相长"，不懂"翻转课堂"，不知道布鲁姆的"认知领域六层次"等理论或理念，哪怕是感受孩子的感受，都会有额外的收获。

储备：读行侠与"文史地艺不分家"

热爱研学旅行的我们一家四口自称为"读行侠"——这是一个"谐音梗"，也是对"独行大侠"的景仰。在我的心中，除了武侠小说中那些武学高深、独来独往的侠客，还有像大禹、李白、苏轼、徐霞客那样"脚踏实地"行走千山万水，阅读自然、思考人生、书写情怀的"读行侠"！

顾名思义，"读行侠"就是要读书、行走相结合。这正与家庭研学旅行相吻合。

很显然，家庭研学旅行的基点是离家旅行，产生了地理空间的变化。而地理空间的变化又带来了基于地域的不同文化的变化，这些地域文化本身也是研学旅行重要的研学内容。

从前面的分析中，我们知道了研学旅行是跨学科的综合实践活动，所以我们可以结合义务教育课程标准和高中教育阶段的学科素养来设定研学目标。例如我们常说"文史不分家"，事实的确如此，文学和史学有着非常密切的内在关联。语文教科书中大量的名诗词、名篇章都说明了文史之间的密切关系：《史记》被称为"无韵之《离骚》",堪称文史结合的典范;不懂"安史之乱",就无法理解杜甫的"三吏""三别"、白居易的《长恨歌》、洪昇的《长生殿》……从语文素养中的写作表达来说,好的文笔能既真实又生动地反映历史,历史的积累也有助于练就好文笔,特别是在议论文写作中,历史故事本身就是有"据"可"论"的好素材。

鉴于此,我家家庭研学旅行中的多条路线就是"文史不分家"的产物,如包括"三国研学"在内的"四大名著研学""长江诗词之旅"等。

除了"文史不分家",在中国传统文化和教育中,还有"史地不分家"的说法。在我们的引导下,儿子从小就喜欢地图,进而喜欢历史。在中央电视台的一个采访中,四年级的儿子还抱出《中国历史地图集》,说这是他最喜爱的书籍。历史与地理的结合确实非常有利于孩子深入了解这两个学科的知识,在众多的研学目的地的展示信息中,也常常出现各具特色的"历史地图",我和孩子都非常喜欢观看、阅读、解读,这成为我们研学旅行中重要的学习手段。

我们讲述故事的时候,如果把六要素中的"where"(哪里)讲清楚,讲得有意思、有画面感,就更容易受到孩子的喜爱。我讲故事常常借用身边的地点,或者借用可以与孩子"联"起来的地理知识,不仅可以引发孩子的好奇心,更能让孩子关联已知信息,帮助理解和记忆未知信息。

女儿初一暑假时有制作中国地图并认识各省市区简称、省会(首府)及主要地理标志的作业。女儿运用童书中的翻翻书概念制作了有许多小翻页的"综合"地图,平日研学旅行中她接触过但不乐意主动去识记的知识,被课本中的知识点一一串联起来:比如她喜欢春秋历史，就能知道"秦晋之好"的陕西省（因春秋时的秦国而简称秦，省会西安，去过秦始皇帝陵博物院）和山西省（因春秋时的晋国而简称晋，省会太原，去过晋祠和临汾的晋国博物馆等），知道河北为燕赵、山东为齐鲁、江浙沪为吴越、湖广是"惟楚有材"等相关的延续到今天的史地知识。

还有河北省简称冀，河南省简称豫，属于禹贡九州。江苏的省名来自江宁和苏州二府，安徽来自安庆和徽州，甘肃来自甘州和肃州，福建来自福州和建州；海南省有琼州，湖北省有鄂州，江西省有赣州；广西壮族自治区因秦置桂林郡而简称桂……

"八大古都"中，我们居住的北京在历史上的不同阶段有蓟、燕京、中都、大都、京师、北平、北京等不同名称，对此我们有专门的"北京发展史"研学路线。南京在历史上也有金陵、建业、建邺、建康、应天府、南京等不同的名称，我们也多次去南京，感悟文学上、历史上的古城……这些不同的地理名称代表着不同的历史时期，所以，研学旅行时可以通过这些地理名称的演变，帮助孩子回顾不同的历史时期、历史内涵。

我们的"春秋战国"研学路线，基本上就是在儿女对"小鲁讲历史"的文本阅读和音频故事收听有兴趣的基础上，再在相关路线的具体地点中"插入"与春秋战国历史有关的研学目的地而形成的。其中位于河南三门峡的虢国博物馆、山西曲沃的晋国博物馆、山西侯马的晋国古都博物馆、山东淄博的齐文化博物馆、浙江绍兴的越国文化博物馆、甘肃礼县的秦文化博物馆、北京市西周燕都遗址博物馆，都是国家级的博物馆，再加上河南洛阳的东周王城和周王城车马坑博物馆、河南新郑的郑王陵博物馆、河北邯郸的赵王城遗址博物馆、山东曲阜的鲁国故城国家考古遗址公园、江苏无锡的春秋阖闾城遗址博物馆、江苏常州的春秋淹城博物馆、湖北随州的曾侯乙墓遗址博物馆、湖北荆州的楚都纪南城国家考古遗址公园、陕西咸阳的秦咸阳宫遗址博物馆、内蒙古鄂尔多斯的秦直道博物馆、四川都江堰的都江堰水利博物馆、湖南湘西里耶古城国家考古遗址公园、陕西西安的秦始皇帝陵博物院等研学目的地，把"史地不分家"的跨学科学习之道"拿捏"得很到位，参观时可以双管齐下，历史、地理知识"双丰收"。

也正因为读行结合的巧妙、已知信息的丰富，春秋战国成了女儿最喜爱的朝代。

此外，家长还希望孩子有一定的艺术素养，名画欣赏、绘画兴趣班、去美术馆观展等研学活动，也是父母希望孩子们积极参与进而发展成兴趣的。在各类研学目的地中，不同类型的艺术展览、或雄伟或精美的大小建筑，都有助于提升孩子的艺术鉴赏力。

故而，我提出"文史地艺不分家"的说法。而家庭研学旅行的知识储备和跨学科的学习目标，都可以从这四个方面入手。当然，从规划设计"主题先行""童趣优先"的角度考虑，我个人觉得，可以先从"史"入手，特别是从"历史故事"入手。以我家为例，两个孩子分别对清朝历史、春秋战国历史感兴趣，而我和胡老师各自对唐、宋历史大有兴趣，这样，家里的知识储备就充足起来，路线设计之间的相互交叉也能引发其他人的好奇心。这也促成了我们家"清朝探秘之旅""春秋战国国际游""唐人宋物"等研学主题路线的出台。

计划：变与不变

有时候，家庭研学旅行也需要"乱入"。我在规划路线时常有"偶来之笔"，跟孩子们一商量，有的还成为"神来之笔"。

比如，我们常在高速上看到运送风力发电设施的车辆，载着大大长长的风叶，可比高速路上运猪牛马羊鸡鸭兔的车、运汽车的车、运草的车、运钢板的车、运有毒气体的车……都要吸引孩子们的目光。有一次在去内蒙古的路上，我们看到了山坡上的风力发电设施，就临时决定去探究一番。类似的事情还有很多：看到路边的"磕头机"，我们就去油田瞅瞅；码头、地铁车辆段、火车转盘、119 报警中心、800 度的高温磁窑……很多临时的不成为研学目的地的地方都能成为孩子们喜爱的、活生生的教科书。

我们在北京实施"中轴线研学"时，在正阳门前看到了"中国公路零公里点"的标志，一下子引发了我们对各种标准点线的注意，如国界线、界碑、水准点、东经 120°标志线和观光塔、北回归线标志塔、南北地理分界线等。我这里简单举例，感兴趣的读者可以搜集有关资料，丰富自己的研学旅行。

把更多的主动权交给孩子并不意味着完全放开，而是在执行规划中更尊重孩子的选择。孩子的参与常常会让大家得到意料之外的惊喜和收获。

全员：分工和协作

我们要相信孩子的潜力，要尊重他们参与的初心，鼓励并接受孩子的各种尝试和失败，为成功储备能力。因此，从家庭研学旅行的规划到实施都可以拉着孩子一起参与，主动地分配或委派任务给他们，全家总动员，每个人都承担相应的职责。

我们家在研学旅行的路途中分工明确：我做司机，不参与各种后勤工作；胡老师负责路途上的过路费、加油费、停车费等财务支出，还要负责给我提供食品饮料，特别是我困乏时候的提神物品；胡老师和儿女都各自带一个日记本，胡老师记录一路上油耗、路况以及发生的有趣事情，儿子则记录实际方案与计划方案的不同，如果走高速，还要记录出口处和服务区的公里数，方便下次出行和帮助朋友、网友。

在途的安全教育是非常必要的。因为自驾居多，我们从孩子小时候就要求他们上车系上安全带，下车一定从右侧下，开车门时注意观察，下车后自动靠边等乘车安全规范。在规划路线时，也会注意目的地有可能存在的各种状况。比如有些目的地在村庄里，我们一般不开车进村，走路时互相提醒注意看家犬，注意路面。有过一些体验后，这些安全事项就会慢慢成为习惯。至于不小心走散等情况，我们早已在孩子在小区玩耍、商场超市购物、公园游玩等场合反复进行过安全教育，应对之策都熟练掌握了。我们在出发时就约定谁是"安全员"，负责提醒一些安全事项，效果良好。

分工后，发现孩子"执行不力"怎么办？先忍着，给孩子完整实施的机会。有时候，失误真的是成功之母——这也是"体验学习"的真谛。

但是家长一定要明白，"授权"不是完全"弃权"。在有疑虑之处，家长应该细致观察，必要时提供指导，或者挽救。

研学旅行结束后，学习内容的整理工作可以交由孩子负责。门票、参观纪念券（因为电子票证的缘故，以后越来越少了），个人建议保留收藏起来。这些物品不仅有纪念意义和收藏价值，在研学旅行后的研学手册、手账、习作、自媒体等"表达"时也都能用得着。

多数研学目的地有图文并茂的"参观指南"或者其他印刷品，这里面包含很多可利用的博物馆信息和文物信息，特别是特展参观指南还带有很多干货表格，更具参考价值，我们可以收集整理。

研学旅行时一定会拍照。美美的照片不仅可用来在社交软件、自媒体上晒一晒，也是非常重要的研学资料。一家人可以进行分工，先各自整理，然后挑选优质图片由家长汇总——这是一项烦琐的工作，交给家长做更放心。

殷飞老师感悟

家庭研学的策划者、执行者和收获者是家庭全体成员，家长要摆脱发令者的意识，孩子要超越依赖者的心理，大家平等相待，以谦虚谨慎的心携手成长。首先，作为成人的家长要做到角色的改变，根据李一慢先生的观点，要做到从"家长"到"学长"，以平等的心和共学的态度与孩子一起探究。其次，家长的角色改变了就自然会带来行为方式的改变，变指导的方式为探究共学的方式，这样孩子的学习心态和学习方式都会发生改变，从等教师讲,到主动寻找,从标准答案到不断优化答案。最后,要重视的是,家庭研学是全家人的项目和活动,不是某个孩子的,也不是某位家长的,每个人根据年龄不同,要发展的主题不同,都在其中获得了成长。

整个过程,最重要的是儿童观和学习观发生了改变,李一慢先生的家庭研学让我们充分看到他们对儿童能力的信任以及全程对儿童的尊重,这是值得我们所有家长学习和参考的。

第三章
在路上

自驾优先

我是铁路子弟,特别喜欢坐火车旅行——不过这是在自己年轻的时候,拖家带口最好是自驾出游。

我们出游以自家私车为主,偶尔租车、借车。现在高速路网发达,我们的游学路线都有高速路覆盖,可以方便到达。当然也有一些目的地需要走国道、省道、县道,甚至是无名小路,除了特别难行的山路、草地、滩涂,一般私家车都可以通行。这些路上一般会有当地的各种车混合行驶,务必多留心观察,放慢速度。

出行之前、游学归来为车做一次常规保养,这个应该是基本要求。

务必备好适合的机油

跑长途,环境路况的改变会让机油的使用出现不可预知的状况。我们这么多次游学中,出现过 3 次机油报警的情况。第一次就没有做好准备,好在"前方 2 千米服务区"的指示牌出现了,我们冒险行车至服务区,加好了机油。吃一堑长一智,后来我们外出就带上一桶机油，有备无患。

日常在城市开车，有些项目可以不急，比如换轮胎、正时皮带等，但在出长途前一定要更换好。

定期更换雨刷器

我们在自驾路上多次遇到瓢泼大雨，风挡玻璃上的雨水密到完全遮住了视线，没有合适的雨刷器根本无法保证良好的视野。

空间安排要细致

我们的车还算宽敞，胡老师一般和儿女都坐后排，副驾驶也做了配比平衡：我们一般会买一箱矿泉水放在座位前，所有食物都放前面，自带的热水壶、厚重的衣服、最常用的背包等也放在前面。

及时加油很重要

离开自己的城市后，选择加油站不要贪图便宜，不要贪图方便，不要耗到油箱见底。尤其是油箱见底的情况。一般我们知道自己的车加了多少油在什么样的路况下可以跑多少千米，也知道油箱开始报警后大概还可以跑多少千米。比较好的情况是在红线未到时就加上了油，但总有着急、忙乱，或者特殊情况出现，比如跑上百千米高速了却没有服务区可加油，或者维修啊，绕路啊，换线路等情况。我们有一年暑假去凤凰古城研学旅行，就碰上了这种情况。近40度的高温，因为对空调使用的油耗判断不准，加上有个服务区关闭的不可控因素，油箱告急。我们只能采取不开空调、匀速前进等措施，最终在早已超过语音提示后的最远行驶里程，在汽油耗尽前出了高速路，找到了最近的加油站。

现在越来越多的人选择在假日自驾游,高速路服务区的加油站常常车满为患。这时可以选择出高速口加油。高速路的出口要不通往城区,要不连接国道、省道、县道,这些地方正是各石油公司重点设置加油站的地方,出高速口 1~3 千米内总能找到加油站。特别是在高速公路免费通行的节假日,这样进出高速路也不会增加额外的支出。

别错过特别的地方

在辽东半岛行的时候,我们从北京到沈阳一路上经过约 30 个隧道,最长的金山岭隧道为 2392 米。这条路可谓遇山开洞,遇沟架桥,修筑的难度是很大的。我们穿过隧道的心情也是很新奇和很快乐的:找找最长与最短的隧道,然后猜测什么时候可以钻出隧道,看到汽车前方的光亮。

"三国研学"之"蜀汉行",从西安南下的话,就有机会穿越隧道最为密集的京昆高速西汉段(西安至汉中),全长 250 多千米,共有 150 多座隧道!特别是秦岭一、二、三号隧道,总长达到 17 千米。如果回程走安康到西安的话,可以穿越我国最长的公路隧道——全长 18 千米的秦岭终南山隧道。

这个沿途的"知识点"并不简单,可以让孩子从另一个角度体会到"蜀道难,难于上青天",进而感慨伟大的中国人民坚持不懈地在崇山峻岭中修建了一条条交通要道,从古代的栈道到今天的西汉高速公路,从未停止。古人步行需月余的路程,如今隧道一通,西安到汉中的自驾车程只要三个多小时,高铁只需要一个多小时,而西安和成都之间自驾车需要八九个小时,高铁只需三四个小时。通行在这样的道路上，高山峡谷间的桥梁、隧道让孩子们切切实实感受到了社会主义建设者的勇气和担当。

在秦岭一号、二号隧道之间设有一个特别的服务区，可以步入高速路中间的文化园，园内有鼎鼎大名的全国最大雕塑群《华夏龙脉》。

《华夏龙脉》雕塑群总长260米，雕塑以圆雕和浮雕相结合的创作手法表现，以自然山形贯穿相连，层峦叠嶂之感犹如秦岭山脉连绵不断。雕塑的内容围绕秦岭主题，按照时间顺序，包括远古时期、原始阶段、春秋、秦代、汉代、三国时期、唐代、宋代、明代、清代，将中华民族几千年的历史串连起来。雕塑群中人物形象近百个，其中圆雕人物27个，具有代表性的有秦惠王、刘邦、项羽、上林苑骑兵队、诸葛亮、唐代武士、李白、宋代力士等；运用历史典故18个，包括盘古开天地、五丁开道、石牛粪金、萧何月下追韩信、上林苑骑猎、诸葛亮木牛流马计、定军山战役、李白蜀道、九井驿开凿三巨石等。另外，雕塑群还描绘了历代在秦岭中建造的褒斜道、子午道、陈仓道等重要道路。

"龙脉"一词的含义，一是突出古称"昆仑"的秦岭在哺育中华文明上的源头之意。蓝田猿人、半坡人、始祖黄帝族居地以及陵寝，都紧依着秦岭。石雕群中遴选的，大都是开创中华文明和对中国历史进程具有重要影响的人物，他们组合在一起，"镶嵌"在秦岭，构成了一部简约的中华文明史。"龙脉"第二个含义特指"高速路"。秦岭被司马迁视为"天下之大阻"，诗仙李白一诗三叹"蜀道难"。自古至今，围绕秦岭开凿路途的故事举不胜举，这些通道成为群雕的又一重含义。

希望有机会驾车路过这里的大人孩子，能停下车来，驻足欣赏一下这组雕塑。在蓝天白云下，巍巍秦岭中，青山绿水间，感受中华文明的魅力，体会在远方、在路上的文化研学。

财物、装备

研学旅行杂务诸事中最重要的就是财务了。

财务计划最好是全家人一起拟订。要先有预算——这是需要让孩子知晓的一个重要的概念；其次也要清楚各项开销的多与少。我们会跟孩子说一说为何要选这样的宾馆、为何要这么安排路线和行车计划等事项，希望他们知道作这些决定的标准不是实惠优先，而是舒适和安全优先。

行李的问题一直让我头疼，好在是自驾游，后备厢够大，一辆车四人坐也有富余空间，足够装下一家人的大包小包。为了清洁卫生，胡老师一般掐头去尾按实际路上时间天数，为孩子们的衣服备上"一天一身"的"庞大预算"。毕竟在外不方便洗衣服，穿干净衣服确实可以让人情绪大好。

但我有我的习惯：内衣和袜子依照天数减半，鞋子就球鞋、皮鞋各一双，不用带拖鞋——他们不愿意穿的酒店的一次性拖鞋我来穿；不用带牙具——他们不用的酒店的一次性洗漱用品也只有我用。我还常把快要淘汰的内衣、袜子带上，在路途中当作"一次性用品"处理了。

有一件"麻烦事"倒是希望家长不要怕麻烦——孩子和我们俩都带着一些书。一开始是我们选孩子平日里喜欢读的，越是喜欢越要反反复复地读。后来就是他们自己挑选。

孩子们还会带着各自的日记本，写写画画。

孩子们在学龄前总会带着玩具，如小汽车、小玩偶，后来还会带着乐高玩具，抽空玩一玩。随着孩子们长大，就不用带玩具了，旅途中能够一起玩的好玩的事儿实在是很多。

他们在上了学后还会带上作业。

胡老师让我一定要写上的是，如果孩子小，一定要带轻便婴儿伞车，甚至在孩子可以轻松跑来跑去的3岁后也可以带着，在有些地方、有些时候可以发挥意想不到的作用。

孩子小时候用的卡通的带轮子的小行李箱好看不中用，可"敬而远之"，不如给孩子带他们自己喜欢的双肩包，从小就背，哪怕只可以装他小小的玩偶，也要培养他们自己背包的习惯，逐渐地就发展成负责打包、收拾、担负自己的行李。我和胡老师也是一人有一个背包，必需品和细软都放在胡老师的背包里，既是财务管理的需要，也为我减负，我可以将注意力集中在驾驶、停车、锁车门等安全事项上。

住宿、餐饮和票务

这几项重要的工作也是胡老师负责。

住宿

不得不赞叹女性对于酒店的精心选择——这个工作是很有难度的，要是我的话，就直接办理一两张符合条件的连锁酒店会员卡，然后到哪里都去那家酒店。有一年的暑假研学旅行就是按照这种方式进行的，目的城市只要有这个品牌就去投宿，没有的话请胡老师再选。如果这家酒店品牌比较集中，胡老师会作些研究，选择离研学目的地距离近的、条件好的、设施新的入住。

更多时候则是胡老师的选择，大致标准如下：够住——一家四口，两人一张床（孩子还小的时候）不是特别挤；经济——符合一定的预算标准（根据城市和季节不同而不同，大致在 200~600 元之间）；卫生——胡老师非常重视，通常要查阅资料来确定。胡老师不在意星级高低，整洁干净是首选。不必考虑有无早餐，一早溜达出门吃当地特色早餐，不亦乐哉！因为是自驾，有无停车场、停车费用的减免倒是要询问清楚的。

房间可以选择亲子套房。孩子小就可以选择双大床房，两人一张 1.5 米的床还不算挤。随着孩子长大，胡老师会选择家庭套房，甚至是复式套房。

还要注意房间的温度。孩子小，总是喜欢踢被子。有些酒店把房间温度调得很低，我们最好调到 26 度。这一点要告知孩子，也是对他们环保意识的培养。

现在网络发达，人们也愿意表达意见，以上提到的种种，其评价、体验都可以在网上轻松查到，作为作决定的依据。

胡老师还很注意去选择开业半年左右的新酒店，设施新，服务够水准。

因为是自驾游，我们会选择在出入城交通便利，离商业区和旅游区有一定距离的酒店。印象很深的有在镇江、大同等地，我们选了刚开业不久，设施条件都很棒的酒店，客人真的很少，十分安静。在西安、南京这样的旅游热门城市，我们也常用这样的方法，选择较远一点儿的酒店——习惯了在偌大的北京生活，较远的距离，我们能够接受。

有些特别的研学目的地就应当选择民宿，民宿最重要的选择标准就是干净。海岸线研学的时候，我们会选择近海的、近山的民宿；历史文化街区村镇，我们会选当地特色民居。比如凤凰古城，那就得住在沱江边"咯吱咯吱"的木头房里，枕江而卧，夜听水声；在徽州地区，就得住古色古香的老宅子，老式的木床，大花布的被窝；在平遥古城，就得住砖瓦房的大院客栈；在庐山，就得住到牯牛岭上，隐藏在云雾中；在同里古镇，得住在缩小版的园林里……有时候也需要换个思路，比如三月的扬州，难觅住处，我们灵机一动住到了长江对面的镇江，虽隔江而望却可以找到合适舒适的酒店，而且可以和孩子们一起感受汽车轮渡的乐趣；比如在桂林，我们选择住在小城角落的民宿，虽离很多景点远了点，却可以享受更好的房间。

有些目的地是可以多次前往的，更可以体验不同的住宿风格。我们住过四星、五星级酒店，住过"文保"里的城市别墅，住过乡间小院，给了孩子们不同的感受，丰富了他们的见闻和体验。

餐饮

研学旅行出发前，或者是离开研学目的地准备返程时，我们都会去超市，为路途上的吃喝备货。经过全家人的味觉点评，慢慢地就形成了我家特定的必备食品清单。比如，我这个专职司机喜欢的黄瓜、小西红柿、黑糖、梅肉干、咖啡，全家人都喜欢的自制卤牛肉、牛肉干、豆干、某品牌香肠、山楂条等。需要注意的是，孩子最好不要吃含糖量高的食品，有多种添加剂的牛奶、果汁和其他含糖饮料最好不要饮用——会引起孩子胃部不适，反复呕吐。

旅途中不要怕麻烦，一定要常备食物，毕竟在研学中孩子活动量跟成人一致，但是他们的新陈代谢快于成人，需要补充"弹药"。在摄水充足的前提下，可以准备一些孩子喜欢吃的干粮——面包、烤馍、小馒头、饼干，配上自家孩子喜欢的肉肠、萝卜干等，热量够，方便、经济。

在研学目的地停留期间的正餐，有时候会安排大餐，有时候就是街边食摊，有时候自己动手，有时候绕路很远就为了当地特产餐厅。

暑假研学是我们胃口大开的时候，海鲜大餐常有，在不同的城市尽量选择当地有特色的餐馆，品尝各地美食。我家俩娃从不挑食，除了居家时候的一些好的习惯培养，我想与遍尝美食也有关系。

寒假里就没有这么"幸福"了，因为春节放假，很多地方特色餐馆不开业的居多，我们在好几个地方碰到了乘兴而去、败兴而归的情形。有时候，因为时间和路线的安排，也不方便到处找合适的餐馆。后来，我们就有了一个非常好使的替补法，在找寻特色餐馆未果的情况下，坚决就近寻找品牌快餐！这些快餐店几乎各线城市都有，卫生条件我们觉得也可以接受，而且一大桶食物总能满足一家人的热量需求。

在服务区，我们一般会考虑给孩子吃热乎的东西，买点品牌的扒鸡、粽子等，很少会光顾服务区的餐厅。

我们自驾出行初期会在服务区添加热水，后来发现那些热水机使用频率太高，水很难烧开。再加上对水质的要求也提升了，就不在服务区加水了，索性自带一个胖胖的不锈钢热水壶——我们称之为"小胖"，容量大，基本上够一天使用。有了"小胖"，我的咖啡问题就解决了，随时可以冲泡，还提高了咖啡的档次——购买品牌产品的挂耳咖啡包，每次冲泡的时候，香味溢满车厢，心情好转起来，困意也消失了。

说到热水，那就顺便提醒一下，现在我们都知道，酒店房间清洗卫生状况并不因星级高而一定达到高水准。所以，我们的漱口杯、茶杯、咖啡杯基本自带——这也是家庭研学旅行采用自驾游的好处。

票务

需要提前准备的事项中，预约/购买门票特别重要，有时候甚至会影响路线的规划。想一想，到了目的地却吃闭门羹是多么让人懊恼啊。比起早些年，现在通过网络进行预订方便多了。只要有了大方向（确定了最主要的研学旅行目的地），就可以边规划边预约了，不必等到快要出行才下手。一般来说，可以从官方网站、App（手机软件）、小程序直接预订，或者从几家口碑好的垂直网站团购。

我相信孩子跟我们一样享受研学的过程，享受路上的自由自在。我们家已经把研学旅行当成自然而然的必做的事情了，相信这样的感受会传递给孩子们。

殷飞老师感悟

> 家庭研学不仅要对远方的目的地进行研究性学习，整个过程都应该成为研究的内容，可谓无时不在学习，无处不可学习，无人不能学习。尽管研学旅行的目的地是重点，但是过程亦不可忽视。在前往目的地的途中，衣食住行等都是培养孩子综合素养的

重要载体,其中蕴含着丰富的生活智慧。

　　李一慢先生细细的经验总结,让我们看到了生活教育的魅力,只要我们拥有教育的意识,就能把平凡的生活过出教育的味道,就能将各种现代生活的理念潜移默化地传播给孩子。

第四章
呼朋唤友

"确认过眼神":大人先过关

国家的计划生育政策发生了重大变化,多子女家庭会越来越多,我们常说的"不让孩子孤单"可以从家庭内部得到部分解决,不过,孩子需要多样化同伴,与年龄或大或小、性格或同或异、能力或强或弱的同伴交往才是一个完整的童年。

孩子上了幼儿园以后才会出现同学、好朋友的概念。同学是个硬性指标,好朋友却要经历孩子的标准考核,而这个标准是那样的简单、那样的童趣。直到上了小学,才会出现真正社交意义上的"朋友"——因为小学的班级已经成了小小社会,能经过考验被称为朋友,必定有着每个人自己的考验方式。

现在的邻里关系,因为住宅这一硬件条件的变化,已经不再是过往那样熟悉、温馨、信任的"远亲不如近邻"的亲密关系了,楼上楼下不相往来乃至从不相识的情形太多了。孩子的出现会稍微改变这种状况,但是因为没有以前亲密邻里关系的积累,孩子要想找到一个好朋友,难度不小。

怎么办?大人先过关。

本来就有交往的大人们——好友、同事、邻居等，大家的孩子如果年龄相差不大，就很容易成为小伙伴。这样的几个家庭就是我们常说的"世交"或者"发小"，比较容易成为家庭集体研学旅行的伙伴。

如果还需要寻找，就得扩大范围了。比如在孩子的兴趣班的同学中，通过观察，发现并邀请有相近育儿理念的家长，在孩子共同兴趣的基础上，尝试着共同出行。

从聚会到短途再到长途：孩子慢积累

在我们的研学出行前，几个家庭会安排孩子们"相亲"，让他们能够提前熟悉。毕竟即将开始的研学旅行，是带有一定目标，需要孩子们共同遵守和执行某些规则，也是要在特定环境中较长时间相处的，家庭聚会容易让孩子们熟络起来，将来能更快地融入集体生活中。

但毕竟是不同家庭养育的孩子，会有各自的想法和主张。我们要做的就是奉行不干涉主义，由着几个孩子去商讨不同的游戏规则、解决"争抢"用具的矛盾。

因此，我们还会安排短途的研学，让孩子们磨合磨合。其实，大人何尝不需要磨合呢？！

好在几个家庭的父母们都有类似的思考。所以，我们一起历经了京郊的帝都历史研学游、周边的明清陵墓研学游，再到离北京最近的海岸线、唐山公园遗产游等路线后，与其中的几户家庭更加地熟络起来，在其后的远程，甚至国际研学旅行，都搭伙同行。

在经历过多次不同家庭的组合后，我们与其中的几个家庭找到了更多的共同点，大家一起出行，研学和旅行的效果都非常好。有时候各自出游，孩子们还总是相互惦记，盼望着下一次能一起出行。

在共同的研学旅行中，不同家庭教育下的孩子有了共同的已知信息，有了共同的精神密码，可以相互学习，观照成长。

附

哥哥的研学日记：要是让孩子们一个房间……

父母大人们同意让我们四个小朋友在住酒店的时候共同住在一个房间里，已经成为我这次游学最期盼的一件事了。

从八九点开始，我们就一直玩、看电视、聊天，平时家长不让我们干什么我们就干什么，到了平时该睡觉的时候我们也没有任何睡觉的意愿。在家里，只有除夕那一天我们才有这么晚不睡觉的机会。于是，到了快零点的时候，我们开始学春晚上的倒计时，来庆祝新的一天的到来，也庆祝我们自由自在的这几个小时。

凌晨两三点的时候，我们实在是熬不住了，陆续呼呼大睡去了。

"随时玩游戏"　四个孩子的脑袋里装着好多游戏

殷飞老师感悟

家庭研学旅行不只是一个家庭的专利，扩大的家庭圈子还能够弥补个体家庭的不足，让孩子有机会接触更多家庭和孩子，让旅途增加更多的协调变量，提升孩子交往的丰富性，拓展研学旅行中更多元的人际互动。

但是，和其他家庭一起出行，挑战最大的不是孩子——孩子天生就是好群体的，他们融入群体也更快更无障碍——作为成人的家长，他们面临的挑战很大，价值观不吻合的，生活方式不合拍的，谈不来的，都会成为一起出行的阻碍。

李一慢先生的做法为我们提供了务实而艺术的参考，首先要确认一起出行的家庭在教育孩子的问题上是不是相近的，否则，一个家庭要享受，另一个家庭要锻炼孩子，这就必然对家庭研学的效果带来障碍。如何找到这样的家庭呢？李一慢先生用自己的经验循序渐进地向我们展示了找到合伙家庭的方式方法，值得我们一起学习参照。

第五章
研学手册

家长如何准备

家庭研学旅行要不要准备研学手册？有当然好。可以在出行前准备——作为可关联的背景知识，也可以在研学旅行后整理——偏总结和回忆的功能。而且，后者因为经历了"纸上谈兵"之后的实地旅行，会更加知道如何看待和描述、再现目的地的研学精华。举个例子。可以归到"表里江山"和"万里长城"等路线中的"紫荆关"这个研学点，我事先也做了一些功课，但是在自驾前往，对太行山、拒马河、108国道、G5高速等地理知识有了眼见为实的体验后，再来讲解那里为什么会有紫荆关就有更深刻的认识。所以，研学手册中的内容，有些是我后来补充的，特意加入了我的这些思考。

我们一家积攒了一盒子的博物馆简介、手册，还有一些是展览画册，这些资料可以作为博物馆研学的重要图文资料。孩子们到达一个博物馆，总会先领取并阅读这些资料，养成了很好的学习习惯。后来，随着孩子们上了学，识字了，参与度高了，我也会事先整理资料，有时候讲一讲，有时候打印出来给他们阅读。

研学手册与宣传单页、手册、画册一样，都可以有效地突出研学活动的重点，协助了解目的地，引起动机和意愿。研学手册作为落实教育、学习活动的一种手段，需要学习者有所输出和表达，所以能有效地引导孩子独立与主动地学习。

随着平日里阅读和学习时出现并使用学习单，在参加"耳朵里的博物馆"朋朋哥哥的集体研学时采用博物馆学习单，再到后来参加学校组织的集体研学旅行也都有学习单，孩子们已经习惯和接受了学习单这种形式。我也会自己制作研学学习单，作为家庭研学旅行手册中的重要内容。

设计家庭研学手册首先要建立在对自己孩子的"学情"的了解基础上，要知道孩子对研学目的地的兴趣大小，要与孩子平日的爱好和兴趣结合，要与孩子的已知信息结合。其次要了解研学旅行目的地。"一环"范围的可以事先"踩点"，"二环"以外的以及国际研学目的地，只能从网络上搜集信息。最后根据上述信息，进行分析和整合，设计出孩子感兴趣也有能力解答的问题。或者设计出可以用在过程中的问题，指导孩子在互动体验中发现和对照，完成任务。

我的经验也有三条：第一要先告知，提示孩子可以从研学活动的哪个部分获得相应的信息，解决学习单上的哪个问题。第二题目不要太多，不要搞得跟集体研学的学习单那样厚实——集体研学天生带有强制性和"比一比"的特性，而家庭研学则要突出轻松、愉快的特点。第三要注意策略，特别是"联策略"，多从孩子的已知信息入手，联自身经历，联相关文本。

随着与博物馆相关的文物历史知识越来越多地进入中高考，博物馆开始成为不少家长和机构看重的学习场所，自然也就成了暑假研学的必选项目。但目前大多数博物馆研学活动还停留在知识学习层面，学生实际获得有限。所以设计研学手册要避免形式化。我在媒体报道看到过这样的描述，让人哭笑不得：

"找到啦！"领头的男生一声吆喝，四五个小伙伴一拥而上，在"秦桧跪像"旁边奋笔疾书起来——这是记者日前在国家博物馆古代中国展厅里看到的一幕。原来孩子们手中拿的是夏令营布置的"任务学习单"，学习单图文并茂，比如在"秦桧跪像"旁边就详细注明了该展品所在的展厅位置，要求学生根据展品注释补足文段缺失内容。在寻找下一展品的路上，记者随机询问几名学生刚刚的填空内容，有的孩子连"桧"字读音都没说对。

还有"聪明"的孩子直接搞起了"分工合作"，由每个人承担"游学手册"中提到的不同展厅，最后交换答案。在展厅的一个角落，记者就看到来自另一夏令营的营员们正在进行着"分享"。

"耳朵里的博物馆"创始人、青少年博物馆教育推广人张鹏对这样的游学任务也有所耳闻："我还看到过有的游学手册中让孩子直接填空'三山五园'具体各指的是什么，这是上网搜一下就能知道答案的问题，孩子们还有什么必要跑到圆明园呢？"在张鹏看来，到博物馆游学，知识学习应该永远排在第二位，学会思考、培养在博物馆终身学习的习惯才是最重要的。

张鹏就是朋朋哥哥，也是我的好友。我家俩娃从刚上学就参与他们组织的集体研学，收获很大。他自己是非常优秀的讲解员，也是非常优秀的研学设计师。他认为，一个好的博物馆课程和产品设计首先应该是一个"翻译者"，把展品用孩子们能听得懂的语言翻译出来；其次还是一个"分享者"，把文物背后的故事和价值展示出来，并能让孩子参与互动进行个人表达；最后还应该是一个"传递者"，为孩子传递价值和情感。

这些观点是我非常赞同的，也是我从家庭研学的角度常常思考并践行的。

孩子如何使用

根据研学旅行的过程，研学手册可以在"前、中、后"三个阶段发挥作用。

帮助孩子"联背景知识"的内容可以在出发前安排孩子阅读，略微带有解读的共读是最好的方法。研学手册可以在路途上随身带着，但是要由孩子来决定是否时时使用，手册上的知识点是否需要一一对照。研学后要完成的内容多与书写与表达有关，手册中事先设计的作业和题目应有助于进行表达前的梳理和总结。

需要在研学过程中使用的部分，最好与整个研学活动密切关联。可以按照具体的"体验学习"的要求进行设计。比如，需要大量观察的活动，就应该提示孩子注意展品特征，进而思考与表达感想。与之对应的学习单可以突出对"观察与比较"的落实。需要提醒孩子多多关注、多多观察的部分，也可以在活动开始前布置给孩子。这样的话，孩子会有通过观察解密的乐趣，如果他们能直接地从展示中寻找答案，会增添他们的兴趣。

有了较多手册阅读和使用经验的孩子，可以进一步通过手册推动自己的表达创作能力。这部分可以在时间相对充裕、放松的情况下完成。比如在等待美食时，在吃好喝好后，在满足地准备入睡前，家长可以联系已有知识，通过开放式的问题、符合孩子兴趣和能力的问题，激发他们的创造力。

在我们一家四口带着日记本旅行的那几年，睡前的书写是比研学手册更放松、更有创造力的表达方式。

如果孩子面有难色，有畏难情绪，也不必非做不可——别忘了"童趣优先""体验优先"。我们不能将完成学习单变成任务，变成考试，这很容易打击孩子的信心，剥夺孩子研学旅行的乐趣，从而与我们策划、组织、实施家庭研学活动的意义相背离。

"写研学日记"　睡前无论如何都要写下来

当然，有了基础的家庭，也不要一味追求乐趣，失去与孩子相匹配或者略微拔高一点儿的教育意义。

总之，研学手册是一个根据体验、根据经验、根据"娃情"，逐步推进的事情。家长要在培养兴趣和习惯，以及"学到了什么""学到了多少"之间取得平衡。

附

妈妈的大招：让他们玩，让他们闹

和好友一家一起利用春节假期自驾出游乐趣多，即使是爬山这种累人的事儿，有小伙伴们陪着，再高的山都不在话下，而且爹妈省心省体力，不过比较费时间。爬山的路上，一个孩子发现了什么新奇的事物，其他孩子定会围上去叽叽喳喳讨论一番。爬不动了，一慢则拿出撒手锏游戏，根据情形发动孩子们玩传话游戏或者猜丁壳迈大步，一边玩游戏一边爬山，孩子们相继征服了庐山、黄山、嵩山等名山，所以山不在高，有"伴"则灵。

10岁上下的孩子开始要求独立了，4个小屁孩要求单独住一间房。虽然有各种不放心，事先做好安全教育，半夜两家大人陆续跑到房门外听动静，其他则由着小朋友们折腾。谁小时候没和小伙伴瞎胡闹过呢?!

小伙伴在露营地吃早餐

殷飞老师感悟

家庭研学旅行与学校和教育部门组织的集体研学旅行不同，家庭的研学更具个性化，会根据孩子的特点进行设计，但是由此而来的规范化相对就会下降。学校和教育部门组织的研学活动一般都会有任务单，带着学生们进行行前导学、过程引领、事后总结。尽管有一些学校或者机构组织的集体研学，其任务单或者手册知识化倾向过重，但是，在任务单的引导下，能够确保集体研学的效果保持在一定的水平。而家庭研学常常会因为家长的怠惰或者孩子的情绪而忘记目标，导致研学旅行直接变成了旅游，因此家庭研学旅行可以参考学校和机构的做法，家长和孩子一起设计适合自己家的导学手册或者学习单。

李一慢先生强调研学过程中体验第一，兴趣第一，儿童的感受第一，而知识应该排在第二位，这是很有见地的。同时，我也建议不要简单将知识与兴趣和体验对立起来，可以在汲取相关知识的基础上鼓励孩子体验、感知和讨论，做到知识与情感、能力和素养的平衡协调。

第三编 家庭研学旅行案例及资源

第一章
什么是家庭研学旅行?

我的本科教育是在南京师范大学完成的,我自觉受到陈鹤琴、陶行知诸先生的影响,体会并运用了生活教育理论。而生活教育可以说是家庭研学旅行的实质。

我国家庭教育、学前教育的开创者陈鹤琴先生,大众教育的开创者陶行知先生,都受到美国教育家杜威的"教育即生活""学校即社会"和"从做中学"等教育思想的影响。特别是"教育即生活"强调教育对生活的影响,强调教育的生活意义,倡导"从生活中学习,从经验中学习",对陈、陶影响巨大。两位先生受传统文化熏陶,又得杜威启示,各自发展出适合中国国情、家情、教情、学情的教育主张。

陶行知先生结合中国社会实际创造性地提出了具有中国特色的生活教育理论,即"生活教育就是给生活以教育,用生活来教育,为生活的提高和进步而教育",进一步细化明确为"生活即教育""社会即学校""教学做合一"的生活教育基本原理。他认为自有人类以来,社会就是学校,生活即教育,可以把学校的一切伸张到大自然里去,生活本身就是很好的教育场所和教材,生活和教育具有一致性。我认为生活的丰富性,或者说可以提供给适龄儿童的丰富生活,是教育丰富与成功的重要条件。

同时，陶行知先生提倡"知行合一"的学习观念，提出"行是知之始，知是行之成"的教育理念——这也是先生名字的源泉和归宿。

随着日益受到重视的"家庭即学校"和"社会即学校"理念的传播，全人教育、全面教育有可能突破"学校是学校"而得以实现。2021年，国家倡导教育（学校教育）减负，提出一系列具体举措，规范校外学科培训，鼓励儿童的素质养成教育。走出家庭、走出教室、走向远方的研学完全可以成为家庭、学校、社会在"双减"背景下促进儿童全面发展的共同选项。

谈论、推广研学就得搞清楚相关概念。尽管我是行动优先，但是行动后的总结与推广是我乐于做的事。

那什么是研学呢？可以从前面我对"游学"的定义作一转化：研学是人们在学习与生活中根据一定的目标，实地观察与考察，或带着问题上路，体验和思考找寻答案，或在游历中引发问题与思考的学习方式。

"研学旅行"则是在"研学"后添加"旅行"一词而成。旅行即指离开家庭、离开课堂一定的距离和时间。而"研学"本身就具有"研究式学习"之意，旅行中的"学"与课堂的"学"大有不同，浅可启蒙，深可探究，总之是带有"研习"性质的"项目式学习"。

研学旅行有广义和狭义之分。我认为可从三个指标来看：其一是时空距离的变化。只要离开家庭、离开课堂的探究性学习都可以称为研学旅行。而狭义范畴要特指离开家庭、课堂所在的地域（区县级区域即可），旅行到外地且最少住宿一个晚上。其二是研学、旅行地策划组织和实施。广义的研学旅行可以没有明确的目标和严格的组织方式，也没有时间或空间的限制。而狭义的研学旅行是教育机构组织，集体出行、集中食宿、集体教学,具有规模化、专业化的特点。其三是活动主体。广义的研学旅行可以指任何群体或个人。而狭义的研学旅行目标主体明确为学生。

家庭研学旅行指的则是以家庭为单位的、有目标的、离开所居住城市的旅行求知活动。如果把"家庭"换为"亲子",亲子研学旅行就是为未成年人所策划实施的、父母孩子共同参与的研学旅行。

旅游、游学、研学旅行

时光穿越到1199年的一个夜晚,越州山阴,陆家大院的书房里,74岁的陆游正以自己一生的读书和生活体验教育自己最小的儿子陆子聿。父子俩的谈话又被陆游书写下来,于是留下了这首至今传诵的诗篇《冬夜读书示子聿》:"古人学问无遗力,少壮工夫老始成。纸上得来终觉浅,绝知此事要躬行。"陆游是在告诫小儿子,从书本上得到的知识终归浅薄,要真正理解书中的深刻道理,必须躬行实践。

这首诗很清楚地说明了人获得知识有两条道路:一是实践,一是读书。实践是获得直接知识的最佳选择,如果说自然、社会也是书,行万里路就是阅读这两本"无字书"的最佳手段。陆游和孔子、司马迁、李白、苏轼等数不胜数的先圣先贤都是行万里路而有所成就,他们都可以说是"游学达人"。

游学是中国古代一种比较常见的学习行为,简单说,离开家乡去异地求学就是游学。清末最后一位科考探花商衍鎏曾谈及春秋战国之际的游学:"诸侯并争,厚招游学,如苏秦、张仪之徒,见于史传者难于详数。"到了秦汉,则如吕思勉所说:"古之游学,所以求博闻,及汉世,学术既一于儒矣,离乡背井,所闻亦不过如此,而其好游反甚于古人。此则又使人惊叹于事势之迁流,有非拘于常理所能测度者矣。"魏晋南北朝时期,社会动荡,政治腐败,游学成为士人逃避现实、对抗黑暗和遥寄情感最好的活动。隋唐一统,推行科举取士,为寒门子弟打开了理想之门。学子们为增长见识、金榜题名,不仅自幼读书,历次科考又要走出家门,走向遥远的京城。这种制度安排让学子们得以游历天下,开阔视野,广交同道,修身养性。

有宋一朝,因为科举"扩招"、文官制度完善、经济发展趋于均衡等,士子的游学内容更为丰富,游学的目的也更为明确,参与游学的阶层更为广泛。宋人遂有意识地把治学与游历有效结合起来。如胡瑗即主张:"学者只守一乡,则滞于一曲,隘吝卑陋。必游四方,尽见人情物态,南北风俗,山川气象,以广其闻见,则为有益于学矣。"有一天,胡瑗自吴兴带领弟子数人游关中,至潼关,因道路险隘,舍车而走。上至关门,目睹那"黄河抱潼关,委蛇汹涌,而太华、中条环拥其前,一览数万里,形势雄张"的壮丽景观,胡瑗便感慨地说:"此可以言山川矣,学者其可不见之哉!"胡瑗的感慨我在书中早有阅读,但是心有通感,则是在我们一家游学潼关同样"因道路险隘,舍车而走"之时。

宋名士中"游""学"结合的大有人在,欧阳修、苏轼、王安石、邵雍等人都十分善于从游中治学。如邵雍提出"夫天下之观,其于见也,不亦广乎?天下之听,其于闻也,不亦远乎",他认为"三人行亦有师焉,至于友一乡之贤、天下之贤,以天下为未足。又至于上论古人,无以加焉"。

至晚清,"近世各国交通,乃有游学外国之事",游学也从传统的

"国内游"发展到"国际游"。2021年首播的《觉醒时代》就体现了那个时代游学对于"觉醒"的重要性。

过去的时代，物资匮乏、交通不便，人们还笃信"父母在，不远游"。而当下，我们比先辈们具备更好的游学条件，孩子们可以从很小就开始行走天下。随着社会发展，中国家庭也出现在国际研学旅行市场上。不过，早期的游学市场多是以开阔眼界为主的出国游学，以及对顶尖大学的"朝圣之旅"，基于给孩子生活的体验、观察和思考的游学较少，为学前和学龄初期的孩子提供的游学也少之又少。而且，游学也有变味的趋势。在寒暑假，一些旅行社争相以"研学旅行"的名义搞纯商业化运作的出国旅游，更有某些夏令营，带着孩子去国外走马观花，违背了游学的初衷。而孩子们之间带有童稚的"炫耀"，到了家长那里会变成跟风和攀比，这样的游学实在是舍本逐末。

好在国家有关部门注意到了这些问题。2013年2月，国务院办公厅颁布《国民旅游休闲纲要（2013—2020年）》，提出了"逐步推行中小学生研学旅行"的设想，这是我国首次以政府文件的形式使用"研学旅行"的概念。2014年8月21日国务院《关于促进旅游业改革发展的若干意见》首次明确了"研学旅行"要纳入中小学生日常教育范畴。其后，众多学校开始尝试从市内的综合实践活动课程发展到"研学旅行课程"。

有了政府指导，相关行业也在升级。

"研学旅行"中"研学"的主管部门教育部，联合有关11部门于2016年印发了《关于推进中小学生研学旅行的意见》。文件中提出，研学旅行要成为推进素质教育的"新常态"。而"旅行"的旅游业因为旧有业务的羁绊，反应似乎慢了点儿。2019年2月26日，中国旅行社协会发布了《研学旅行指导师（中小学）专业标准》（以下简称《标准》）。《标准》指出，研学旅行（study travel）是以中小学生为主体对象，以集体旅行生活为载体，以提升学生素质为教学目的，依托旅游吸引物等社会资源，进行体验式教育和研究性学习的一种教育旅游活动。

至此，研学旅行已被各有关方认为是教育领域与旅游行业融合的一种新型教育教学方式，可以成为培养核心素养的有效途径，成为家庭、学校、社会共同培育全面发展的人的重要方法。

家庭研学旅行与集体研学旅行

教育与旅游行业主管部门所发布文件涉及的研学旅行的实施主体多指向学校、旅行社，很显然，由学校和旅行社策划组织实施，或者学校策划、委托旅行社实施的研学旅行可以称为集体研学。同样，社会上的教培机构、文艺体育团体、博物场馆等主办的研学旅行也是集体研学。

学校组织的研学旅行，其目标是学校课程体系中的一个重要方面，目标制定依靠课程标准，教学内容是学习课程的扩展和延伸，是以学习为主导、以"游"为手段进行的社会综合实践活动，目的是让学生在旅行过程中学到专业且丰富的知识。

从我了解到的自己儿女所在学校的集体研学活动来看，大体分两种：由地方教育主管部门与学校主导的主题研学活动，是被纳入学校的社会实践活动课的，其经费多由政府或学校承担；以学校为主导，家庭支持，学生自愿参加，由学校和第三方机构承办的校本社会实践课程，经费多数由家庭承担。这样的课程有一日滑雪体验、多日足球异地集训，有北京城郊的宛平城抗战纪念馆、北京城内的中国国家博物馆的历史课，有烟台、西安、桂林、阿尔山等地的祖国大江南北的地理课，有英国牛津大学城的感悟、美国纳斯达克的感叹，有远赴澳大利亚、新西兰或近出越南、柬埔寨的多元文化交流……

尽管我们家有着非常丰富的家庭研学行动，但我们还是会积极支持儿女的集体研学活动，因为这是"少年们的集体活动"，包含着同龄儿童换个时空交往的妙处，同龄儿童在一个临时"大家庭"中感受集体生活的好处。当然，不同研学旅行的课程设计本身也具备专业优势。这些是与家庭研学大不一样的地方。集体研学活动的结果也让我和胡老师都非常羡慕——孩子们的阅历、孩子们的能力、孩子们的知识、孩子们的社会意识，都在集体研学中得到发展和提升。这是过去的时代所不具备的成长资源。我们上学时，少有的几次泰山夏令营、海岸线地貌研学已让人记忆深刻。

如果家庭还没有建立研学旅行的习惯，或者家长还不具备规划、设计"研学"和"旅行"的能力，但是又很欣赏和赞同这一教育方式，那么学校或专业机构组织的集体研学就成了很好的选择。

据我了解，武汉市中小学生"跟着课本游中国"夏令营就是依托教育和旅游行业组织实施的很有经验、很有成效的集体研学旅行。孙云晓先生将之总结为"政府教育部门主导、专业机构运作、确保安全和有益成长两大原则"的武汉集体研学模式。除了引领近 30 万学生寓教于游、读万卷书、行万里路外，武汉市夏令营还举办了 30 多场专题学术研讨会，设计和编写研学课程提纲 200 多种，找出书本知识与研学旅行资源二者之间的结合点。比如，2018 年的三条研学路线是

"无双盛世读西安——历史文化探索西安夏令营""世界双遗看武夷——山水文化探访武夷山夏令营""寻吴访越双城记——人文风情探寻南京·常州夏令营";2019年的三条研学路线是"精妙徽州品文韵——徽州传统文化体验夏令营""精奇横店叹光影——横店影视文化体验夏令营""精彩江南访人文——苏锡常江南文化体验夏令营"。

集体研学与家庭研学相比,有一个特别重要的益处,就是前文提到的少年们的集体生活。在集体的出游、研习、表达中,无论是家国情怀的大题目,还是衣食住行、个性发展的小文章,以及互帮互助、关心他人、关爱社会的道德观念,如何尊重他人、尊重秩序、爱护环境等价值观教育,都容易成为研学成员们争相遵守的行为准则。正如孙云晓先生所说,"在集体出行的潜移默化中,引导青少年扣好人生第一粒扣子,有着事半功倍的效果"。

集体研学还有一个优点(理想状态下)是工作人员的专门化、职业化。同样,这也会让集体研学的费用不低——毕竟有些机构是以营利为目的的。

集体研学可以说是冬/夏令营、学校社会实践、教培机构和旅游机构的"团体游"的升级,而家庭研学可以说是"亲子游"的提升。升级的关键,我认为是学校、父母如何参与"学"的设计。就我的观察和了解,"学"的部分一味由旅游机构负责的话,研学的意味还是容易走形,甚至变味。但家长、学校也缺乏"游""学"课程化的能力,或者实施方法不力,引发儿童的无感,甚至反感。

2021年,国家正式出台《关于进一步减轻义务教育阶段学生作业负担和校外培训负担的意见》("双减"政策),明确禁止校外培训机构占用国家法定节假日、休息日及寒暑假期组织学科类培训,这就为寒暑假夏令营带来了更多的用户群体。比如，2021年暑假，女儿本来是有学科类学习，被叫停以后，我们征求了女儿的意见，她非常乐意和积极地参加了一项在郊区的需要住宿的集体运动研学营，既强身健体、培养运动兴趣，又锻炼独立生活能力。

所以，我认为未来如果有机构既能满足社会、学校的主题研学旅行需求，又能兼顾家庭的个性化研学需求，在教育政策调整并稳定实施的较长时间里，它就能够服务更多学生，不但能够获得经济效益，更使自身成为参与培养合格公民的社会责任承担者。

研学旅行课程

说到研学旅行，不能不说陶行知先生和"新安旅行团"。

1929年，著名教育家陶行知先生创办淮安新安小学，并于1933年和1935年两次指导新安小学的"新安旅行团"作长途修学旅行。在首次修学过程中，7名学生通过劳动、爱国演讲等方式自筹教育经费，从淮安到达上海，看沿途风景，观察、学习沿途人文地理，了解社会风俗，体会当地民情，了解近代工业文明。在旅途中，学生们互相帮助、增进情感交流，学到的知识是学校课程里没法教、教不好的。

1935年，新安小学时任校长、陶行知先生的学生汪达之带着新安旅行团，以长途修学旅行的方式，践行陶行知"生活即教育，社会即学校"的教育思想。这一次历时17年，行程5万余里，足迹遍及22个省市。所到之处，新安旅行团宣传抗日救国主张，以文艺为武器，唤起千百万民众共赴国难。

从具体实践来看，新安旅行团有初步的课程理念和教育行动，完美地落实、践行、诠释了"教学做合一"的教育思想。

随着研学旅行观念和教育理念的逐步发展，研学旅行课程的开发、设计、研究也在同步萌发。那么，何为研学旅行课程呢？

南京师范大学教育科学学院周璇、何善亮认为，研学旅行课程是将学科课程内容与课外真实情况相连接，学生可以将所学知识渐渐消化吸收、内化于心，形成认知结构，而且在研学旅行的过程中进行理论与现实的对比，发现书本理论的不足，利用现实的感悟和经验来补充并且完善所学习的理论。

近年来，我一直进行阅读课程的教学实践和研究，也开发了受到一定赞誉的"亲子阅读课程""绘本分级阅读课程"和"整本书阅读课程"。我所理解的课程，应有具体而连续的教育目标，为达到教育目标而需教授给儿童策略、工具，或者带领儿童在体验中总结出策略和工具，并能在教学过程中进行有效的组织，在教学过程结束后能进行有效的评估。

按照前述文件表述，研学旅行是由教育部门和学校有计划地组织安排，通过集体旅行、集中食宿、共同生活、共同阅读、群体参观、集中研讨等方式，运用联结、可视化、推论、设问、总结等策略，观察、体验、感知、研究自然和社会现象，在实践学习中由已知达未知的研究性学习，是生活化的学习，是与旅行体验相结合的校外教育活动。这让我们达成一个共识：研学旅行是融合了教育与旅行的综合实践活动。

由此，我认为，研学旅行课程是依据一定的教学目标，设定研学主题，选定一系列研学目的地，在实际场景中体验、经历学习过程，并能进行探究、探讨、感悟反思的项目总和和进程安排。研学旅行课程理应具备可参与、重规律、连续实施、体验实践、开放包容、资源整合、表达创作等原则。

总之,从旅游开眼界,到素质培养营地活动,再到海外游学开拓国际视野……这些具有相同基因的离开居住地异地学习的学习方式的普及和丰富,预示着研学旅行成为实现从应试教育向素质教育转变的重要途径。研学旅行课程则可以成为家庭、学校、社会教育"三合一"的有效载体。

教育部于 2017 年发布、2020 年修订的《普通高中语文课程标准》的课程内容中,"学习任务群 2:当代文化参与"有这样的教学提示:利用家庭资源以及学校图书馆、校史馆、档案馆等,研究社会生活中的文化现象;利用图书馆、博物馆、纪念馆、文化馆、美术馆、音乐厅、影剧院、名人故居、革命遗迹、名胜古迹,以及其他文化遗产等,通过实地考察,深化对某一文化现象的认识。在"学习任务群 15:中国革命传统作品专题研讨"中指出:在教学过程中,教师要充分利用地方课程资源,将本任务群的专题学习与综合实践活动有机结合起来。有条件的地方和学校,要通过组织学生参观爱国主义教育基地、革命博物馆,访问革命前辈、英雄模范人物等活动,深化学生对中国革命历程的切身体验。

高中课标的其他学科也都有类似的描述和建议。家长要多了解课标的整体内容,有助于知晓孩子在学校学习的内容和目标,有的放矢地支持和帮助孩子。

说课程就不能不说教师和教材。与集体研学不同,家庭研学旅行可以不必有教师——课程是"隐形"的,家长也要把做老师的心收起来,"不做家长做学长",让孩子在兴趣中渗透研习。

教育界一直有"课程即教材"的观点,集体研学一般会有学校和机构来编制专门的教材,家庭研学未必有,但是可以作研学旅行前的专题阅读;家长可以根据"娃情"设计学习单,在研学旅行过程中使用;研学旅行完成后还可以作一些表达与创作的"输出"。

集体研学的课程用书,家庭也不妨"拿来"参考参考。比如,2013—2016年北京市的史家小学与中国国家博物馆联合研发了"漫步国博"和"博悟之旅"两个系列课程,编写并出版了同名书籍。2019年起,首都博物馆与中国出版传媒商报社联合推出了"博物童书"的推荐活动,我也是专家组成员。越来越多的博物馆正在参与"教材"的研发和出版,这些"准教材"都可以作为家庭研学旅行的参考资料。

我自己是一个"童书控"和"书单控",不仅作为专业人员参与了包括"中国童书榜""全国妇联亲子阅读书目""中华科普童书榜""微博童书榜""博物馆童书推荐活动""童阅中国优秀童书推荐"等儿童读物榜单的创立、研制和评审工作,我也常常就自己喜欢的某一个主题研制"慢书单"。本编第四章中就有与家庭研学旅行有关的书目和纪录片推荐。

殷飞老师感悟

家庭研学旅行从目标、内容、形式到方法,和学校以及机构组织的集体研学还是存在差异的,这些差异不是层次高低的不同,而是类型的差异。家庭研学以灵活性和亲情活动为主要特征,它弥补了集体性的研学旅行失之宽泛的缺陷,以及集体行动所带来的不可避免的时空挑战。

李一慢先生毕业于诞生了生活教育和活教育两大伟大教育理论的南京师范大学，自然地，他的实践有着深深地扎根生活的痕迹。通过多年的实践，他在自己家庭的领域贯彻并发挥着生活教育的理念，让陶行知生活教育的伟大理论在现代家庭教育中落地延展。

第二章
家庭研学旅行目的地主要类型

"行万里路"去哪里？

现在爱好旅游的家庭越来越多，会旅游的爸爸妈妈不少，新鲜有趣刺激的亲子旅行层出不穷。但我发现很多是随意的父母对子女平日亲子陪伴较少的"补偿性"旅游，或者是简单参团、没有周密思考、没有"学习"目标的一场说走就走的"自由行"，更多的是到了寒暑假所参与的应付式旅游。

那么，作为当代家庭研学旅行的"行万里路"去哪里好呢？

我们一家阅读习惯的建立小有成效，同时我也很注重带着孩子到处研学旅行，我们一家四口就是四位"读行大侠"。"游中学，学中游"的阅读、博览和游历、体验，让我们有一种崭新的亲子交互提升的成长过程。而且，我家的"读行侠"既然正式"立项"了，那就要立足长远，根据俩娃的身心发展规律，设立符合他们成长阶段的进阶式研学旅行项目。所有的研学项目都有特定的主题，同一个主题下的课程有进阶的安排，以利于孩子的发展需要。

请告诉我谁是中国人,
启示我,如何把记忆抱紧;
请告诉我这民族的伟大,
轻轻地告诉我,不要喧哗!

——闻一多《祈祷》

随着儿子和女儿对中国历史和地理的喜爱程度加深,我们也开始了更庞大计划的设计和实施。比如,分成两大系列、八个主题的"中国边疆行"。两大系列指的是海岸和边境。我们会利用小学阶段的暑假展开海岸线研学,目前已经完成了辽东半岛的"和平之旅"、山东半岛的"灯塔行"和连云港—厦门的"民居行",在小学阶段完成南部沿海和海南岛之行;中学阶段计划"走"完陆地边境。

这样,我们就与孩子一起烙下了中华文化的印迹,"轻轻地告诉"孩子们,中国的伟大!

千百年来,历代先贤凭着丰富的审美情怀和高超的艺术表现力,写下了难以计数的诗文篇章,既为大好河山塑造了可供浏览、吟诵的艺术形象,也在文学领域留下了脍炙人口的华章和美图,让后来人足迹所至,随处都有相应的诗文。在亲身游历某地之前,这些诗文阅读帮助我们插上了想象的翅膀,让我们产生了探访实景的渴望。在我们的名山游计划中,武夷山本是排在后面的,女儿上了一年级后发现语文课本中就有《武夷山》一课,非常希望能先去武夷山,最好能在学习这篇课文之前去。这种热切同样可以帮助孩子进行自主学习。

有了这样的渴望,当我们漫步在布满文学、历史的大地上,不仅可以观赏现实的景物,更像是置身于一个丰满的有厚度的艺术世界,可以放任心思穿透千百年时光。

下面我将分门别类地介绍一些研学旅行目的地。

博物馆

1. 博物馆中的 11 家"国家馆"

作为研学旅行重要目的地的博物馆，是家庭研学和集体研学的首选。有些博物馆已经成为研学必去的标志性目的地。比如去北京研学，即便因为种种日常安排上的、观念上的不同，有的家庭可能不去中国国家博物馆、中国科学技术馆，但是故宫博物院、颐和园一定会在计划中。实际上，由于区域分布和观念的改变，故宫博物院＋中国国家博物馆现已成为首都研学的必选。它们也都是在国际上享有盛誉的国家级博物馆。

博物馆属于具有公共属性的文化机构，有自己的管理体制，也就有了类似于高等教育中的重点和非重点、国家级和地方级等的区别。为推动博物馆事业发展，国家文物局于 2011 年印发的《博物馆事业中长期发展规划纲要（2011—2020 年）》中提出："推进各类国家级博物馆建设。整合具有中华文明象征意义的故宫博物院、中国国家博物馆、中国人民革命军事博物馆、中国美术馆、中国科技馆等国家级博物馆资源。"除此之外，国家还重点支持上海博物馆、南京博物院、湖南省博物馆、河南博物院、陕西历史博物馆、湖北省博物馆、浙江省博物馆、辽宁省博物馆的建设，称为"中央地方共建国家级博物馆"，另有重庆中国三峡博物馆、首都博物馆、山西博物院等三家为中央地方共建国家级博物馆培育对象。

所谓中央地方共建国家级博物馆，是由国家文物局、财政部共同认定,中央和省级人民政府联合共建的地方所属重点博物馆。有了这样的认定,就可以调动中央和地方两方积极性,加大资金支持力度,大幅提高藏品保护、展示、科研和运行水平,增强社会教育和服务能力,构建以点带面、立足区域、辐射全国、面向世界的博物馆综合资源共享平台,逐步打造一批最能够展现中华文明、反映中国文化价值,并具有国际一流水准的博物馆。

这些博物馆是软硬件服务都很优秀的博物馆,理应成为研学旅行的首选,也值得反复去参观学习。中央电视台博物馆公众教育节目《国家宝藏》第一季也正是选了故宫博物院和这八家中央地方共建博物馆。

故宫博物院在文博领域的"江湖地位"无人匹敌,赞扬国家的一个成语用来形容它也完全适合:地大物博。"地大"表现在故宫博物院的"院"字上。"院"用在故宫这里很合适,那可是一个超级大的大院子啊——明清两朝皇宫紫禁城,是世界上规模最大、保存最完整的木结构宫殿建筑群。"物"可以从官网上滚动显示的18万余件珍贵馆藏感受到。"博"体现在种类齐全:古建、古书画、古器物、书籍档案等领域蔚成系列,看看他们的分类吧——陶瓷、绘画、法书、铭刻、铜器、珐琅器、漆器、雕塑、金银器、玉石器、帝后玺册、织绣、文具、钟表仪器、珍宝、宗教文物、武备仪仗、生活用具、外国文物、古籍文献等。

故宫博物院既是艺术和历史博物馆,也是科学博物馆;既是综合性博物馆,也是专门性博物馆、纪念性博物馆。其常设专馆包括数字馆、古建馆、书画馆、陶瓷馆、雕塑馆、青铜器馆、钟表馆、珍宝馆、戏曲馆、故宫鼓浪屿外国文物馆等。

故宫博物院与中国国家博物馆是能够展现中华文明、反映中国文化价值，并具有国际一流水准的博物馆。另外这 11 家博物馆也是在全国经过筛选，作为中央地方共建国家级博物馆，就是力求能最终打造成如前二者般的具有国际一流水准的博物馆。

要想成为"国家级博物馆"，就要在专业人才、藏品数、修复文物数、基本陈列和展览、举办培训次数、参观人次（未成年人参观人次）、临展门票收入、承担课题项目数、科研成果等方面达到评估要求。

财政部的参与很重要，意味着经费上的大力支持。我们从湖南省博物馆、湖北省博物馆、河南博物院的改扩建就能看出，国家和地方的投入巨大。重新开放后的博物馆也给公众带来很多惊喜。比如湖南省博物馆从 2012 年 6 月 18 日闭馆扩建，直到 2017 年 11 月 29 日新馆迎客，没有让公众失望。新馆开放后的"长沙马王堆汉墓陈列""湖南人——三湘历史文化陈列"两个基本陈列好评如潮。2022 年 7 月 30 日，湖南省博物馆正式更名为湖南博物院。

2016 年，湖北省博物馆三期建设工程启动，于 2021 年 12 月 21 日起向公众开放。三期新馆设置有"楚国八百年""曾侯乙""越王勾践剑特展"等 6 个常设专题陈列，集中呈现了湖北近年来考古学术研究成果。

2015 年起，河南博物院主展馆也用了五年时间进行提升改造。为了在闭馆期间更好地服务公众，河南博物院在西配楼一楼临时展厅举办了"大象中原——河南古代文明瑰宝展"。与此同时，院内部分珍宝也开始在全国巡展，尤其是在中国国家博物馆举办的"大象中原——河南历史文化展"引起了巨大的反响。

这些国家级博物馆还常常策划出堪称国际级别的展览。2017年上海博物馆的"大英博物馆百物展：浓缩的世界史""茜茜公主与匈牙利：17—19世纪匈牙利贵族生活""巡回展览画派：俄罗斯国立特列恰科夫美术馆珍品展"等，把更多国外精彩的展览引入国内，其国际化的精致展览内容每每吸引大量博物馆观众前去参观。

南京博物院的"法老·王——古埃及文明和中国汉代文明的故事"给该博物院带来了诸多改变，涉及展览、文创、社教等多个方面。这些改变也延续到后续的诸多展览，如"帝国盛世——沙俄与大清的黄金时代""青藤白阳——徐渭、陈淳书画艺术特展"等。

辽宁省博物馆新馆于2015年5月正式向公众开放，基本陈列陆续得到补充，并与众多博物馆合作，举办了丰富的特展、临展。其"茶马古道——西部八省区文物联展""千年马约里卡——意大利法恩扎国际陶瓷博物馆典藏"等展览均在业内引起了强烈的反响。

陕西省文化遗存丰富，文化积淀深厚，中国历史上最为辉煌的周、秦、汉、唐等十三个王朝曾在这里建都，身处"丝绸之路"的重要节点。陕西历史博物馆结合自身特色，举办了多场具有鲜明特征的展览，如"长安丝路东西风""泥火幻彩——唐都长安三彩精华展""绵亘万里——世界遗产丝绸之路"等。

浙江省博物馆坐拥孤山、之江两个馆区，要一趟把其所举办的展览逛个遍，也是不容易的。

2. 一级博物馆也没多少

我国的博物馆根据国家文物局《博物馆评估暂行标准》，从博物馆综合管理与基础设施、藏品管理与科学研究、陈列展览与社会服务等方面进行评比，从高到低依次划分为一级、二级、三级三个等级。

其中，一级博物馆的标准包括：

·藏品数量很大，或种类很多，或珍贵文物数量很多；具有很高的历史、文化、科学、艺术价值，或其中一类具有世界意义。

·有社会教育机构和专门从事社会教育工作的人员，馆内设有专门的教育服务区。

·有稳定的、具有一定规模的博物馆志愿者队伍，培训合格的志愿者每年应为博物馆或观众服务 4 次以上。

·国有博物馆每年开放时间应在 300 天以上，非国有博物馆在 240 天以上；基本陈列定期免费开放，且在 60 天以上；日常免费、优惠开放制度和措施向社会公示；每年免费接待的青少年观众群体的人数应占观众总人数的一定比例。

2008 年 5 月评出首批国家一级博物馆 83 家，2012 年 11 月评出第二批 17 家。2013 年 5 月，北京天文馆、抗美援朝纪念馆、中国海军博物馆和华侨博物院因未达到国家一级博物馆标准，被取消国家一级博物馆等级，降为国家二级博物馆。2017 年 1 月，评出第三批 34 家（包含北京天文馆"恢复"为一级），2020 年 12 月第四批博物馆评级结果公布，共 74 家。至此，国家一级博物馆总数达 204 家（具体名单见本编第四章），约占我国博物馆总数的三十分之一。

按照类别，入选一级博物馆的多为综合类博物馆，专题类（历史类、文艺类、科技类）博物馆相对较少，入选的均是各地有影响力的博物馆。红色博物馆，包括革命史迹、革命先辈纪念馆，在革命历史上占有一定分量，承担爱国主义教育的入选数量不少。

按照城市来统计，则北京（18）、上海（7）、杭州（7）、西安（7）、武汉（6）、成都（6）、广州（5）、南京（5）、长沙（4）、沈阳（3）可以说是博物馆研学的十佳目的城市，去了这些城市就能参观 60 多家一级博物馆。

另外，重庆（5）、天津（4）、济南（4）、太原（3）、长春（3）、郑州（2）、石家庄（2）这几座省会城市，以及苏州（1）、宁波（3）、青岛（3）、宝鸡、洛阳、安阳（2）、南阳和荆州等城市的博物馆也各有特点，而且城市本身历史文化旅游资源丰富，非常值得一去。

总之，一级博物馆都是特别值得前往参观游学的，但也不是说二、三级和未定级的博物馆就不值得去。我建议，本地的各类博物馆和孩子已经建立起兴趣或已经有了研学方向的博物馆，无论等级高低都应该常去。截至 2023 年底，我国二级博物馆有 455 家，三级博物馆有 565 家，其中也有非常出色的博物馆。比如北京的中国铁道博物馆、三门峡的虢国博物馆、珠海博物馆，有的特别专业，易引起儿童兴趣，有的近年来建了新馆，焕然一新，参观之后我和孩子们的评价都很高，也值得一去。

3. 居然还有 5A 级的博物馆

据报道，2019 年春节有约 50 万参观者游览了故宫。游故宫一般要从故宫北门出来，对面是景山公园，再往西是北海公园，再往西北一点儿就到了因为清宫电视剧而人气暴增的恭王府。这几个地方也都是人山人海。

同一个假期，有约 47 万人去了西安郊外的秦始皇陵，有 7 万人去了西安城内的陕西历史博物馆。

故宫除了是一级博物馆外，也是国家 5A 级景区。恭王府也是 5A 级景区，同时还是恭王府博物馆。秦始皇陵在国际上的知名度很高，同样是 5A 级景区。

依照《旅游景区质量等级的划分与评定》，我国的旅游景区从高到低依次划分为 AAAAA 级、AAAA 级、AAA 级、AA 级、A 级。AAAAA 级即 5A 级，是中国旅游景区最高级别。比博物馆首次定级早一年，2007 年国家旅游局首次评定出 66 家 5A 级旅游景区。截至 2022 年底，文化和旅游部（原为国家旅游局）共确定了 319 家 5A 级旅游景区。

首批 66 个 5A 级景区中，故宫博物院、长春市伪满皇宫博物院、西安市秦始皇兵马俑博物馆三个博物馆入选。即便后来 5A 级景区达到了 319 处，5A 级景区与一级博物馆的"双生花"也并不多，即便稍放宽条件，如一级博物馆位于 5A 级景区内，也只超过 20 家。数量少就更显得宝贵，这提醒我们，去景区游玩的时候一定要去那里的博物馆哦！比如西湖一日游时，可以把浙江省博物馆（西湖馆）、西湖博物馆作为一站；到武汉东湖游园赏花，可以去一下湖北省博物馆；去天安门广场时，故宫博物院和中国国家博物馆可以二选一；爬完长城、走完避暑山庄，若是行有余力的话，再去一下长城博物馆、避暑山庄博物馆，会有更多的收获。

不过，作为景区的博物馆或许会有更多的游人，要是以学为主，则淡季前往较好。

4. **藏身高校的博物馆**

近代博物馆正是从大学校园里发展起来的。建于公元前 3 世纪的埃及亚历山大图书馆中就设有博学园，近代西方第一座公共博物馆阿什莫林博物馆诞生于英国的牛津大学。欧美著名大学在漫长发展历程中大多积累了不止一座博物馆，英国牛津大学有 8 座，美国哈佛大学有 17 座，俄罗斯莫斯科大学有 6 座。博物馆逐渐成为世界一流大学的标配。

我很认同"一所伟大的大学，要有一座伟大的博物馆"的观点。博物馆对于学校的专业教育和通识教育，对于学校向社会延伸的社会教育，都有非常重要、不可替代的作用。

中国现存最早的高校博物馆创建于 1914 年，前身是华西协和大学古物博物馆，即今四川大学博物馆，以民俗、历史研究为主。于 1953 年开放的厦门大学人类学博物馆则获得了联合国教科文组织认证。云南师范大学 1985 年便建立了西南联大博物馆。创办于 1987 年的东北师范大学自然博物馆暨吉林省自然博物馆（一馆二牌）是首批获评的一级博物馆。

2000 年以后，我国的高校博物馆发展迅速。2020 年，其中的佼佼者清华大学艺术博物馆、山东大学博物馆升级为一级博物馆。这两所一级博物馆各有依托，各有特点。清华大学艺术博物馆馆名中的"艺术"源自清华美院，而山东大学博物馆则是建立在考古系的专业基础之上。

浙江大学艺术与考古博物馆同样致力于打造学术知识公众化的平台，在文化史和文明史的教育、人才培养和学术研究方面发挥独特作用。

文物藏品对一座教学博物馆的重要意义，可能超出了许多人的一般认识。不管是人文专业教育，还是以培养博雅之士为目标的大学通识教育，通过接触实物来理解文明的本质都是一个不可或缺的过程。浙大艺博馆许多珍贵展品都不设玻璃罩，给观众近距离观赏的机会。开馆迄今，浙大艺博馆举办了一系列面向公众的活动，让全校学生和社会公众都可以在浙大艺博馆这个大课堂接受考古、文博和艺术方面的教育，既培养对本国文明的认识，深化民族认同，也培养多元文明意识，开阔国际视野，这正是博物馆为树立文化自信、建设文化强国所发挥的作用。

可以借用一位学生和一位家长的感言来总结高校博物馆的重要价值：一名高中生在浙大艺博馆的留言簿上写道："整个博物馆给我留下了极大的震撼，让我徜徉在中华文明的博大精深中。"一位家长在微博发文："在历史的长河中，到底发生了什么，只有遗留下来的史书和这些古董物件，让我们在其中找到痕迹。这种展览形式能让孩子们对历史更加有兴趣。"

5. 隐藏在世界遗产中的博物馆

世界遗产是经联合国教科文组织世界遗产委员会确认，在世界范围内公认的，具有突出意义和普遍价值的文物古迹及自然景观，包括自然遗产、文化遗产、自然与文化双重遗产、文化景观。其中，世界文化遗产是从历史、艺术或科学角度看，具有突出的普遍价值的建筑群、人类工程和考古遗址等；世界自然遗产是从科学、保护和自然美角度看，具有突出的普遍价值的地质遗迹、濒危动植物物种、天然名胜等。

我国被列入《世界遗产名录》的文化遗产中，有的本身是一座博物馆，比如秦始皇陵及兵马俑坑、安阳殷墟；有的是多地联合申请的"联合体"，可以分成多个博物馆，比如明清皇宫包括北京故宫和沈阳故宫，明清皇家陵寝则有湖北明显陵、河北清东陵和清西陵、江苏明孝陵、北京明十三陵和辽宁盛京三陵等博物馆；有的是一一对应，比如大足石刻、良渚古城遗址等文化遗产都有对应的博物馆；有的在遗产中又有不同的博物馆，形成"一对多"的样貌，比如平遥古城、丽江古城、澳门历史城区中均有数个不同类型的博物馆。

世界自然遗产中也有博物馆：神农架有神农架自然博物馆，四川大熊猫栖息地有中国卧龙大熊猫博物馆，三清山有博物馆，澄江化石地有澄江化石地世界自然遗产博物馆（云南省自然博物馆）。

这些与世界遗产密切关联的博物馆，从家庭研学角度来说，都是可选择和值得学习的目的地。

世界遗产

1972年11月16日，联合国教科文组织巴黎会议通过《保护世界文化和自然遗产公约》，决定在全世界实施遗产保护工程。

自1985年加入《保护世界文化和自然遗产公约》以来，截至2023年9月，中国已有57处世界遗产被列入《世界遗产名录》，其中世界文化遗产39处、世界文化与自然双重遗产4处、世界自然遗产14处，具体名单见本编第四章。很显然，这些世界遗产都可以作为家庭研学旅行的目的地。

世界文化遗产主要包括三类：一是文物，从历史、艺术或科学角度看，具有突出的普遍价值的建筑物、碑雕和碑画以及具有考古性质成分或结构的铭文、洞穴以及其综合体；二是建筑群，从历史、艺术或科学角度看，在建筑式样、分布均匀或与环境景色结合方面具有突出的普遍价值的单立或连接的建筑群；三是遗址，从历史、美学、人种学或人类学角度看，具有突出的普遍价值的人造工程或人与自然的共同杰作以及考古遗址。

世界遗产中有一类非常特殊——线性遗产，是指在拥有特殊文化资源集合的线形或带状区域内的物质和非物质的文化遗产族群。运河、道路以及铁路线等都是重要表现形式。

我国已被认可的线性遗产有长城、中国大运河、丝绸之路：长安—天山廊道的路网。

我国其他的受到关注的线性遗产还有秦直道、川陕古蜀道、川滇五尺道、茶马古道、海上丝绸之路、徐霞客游记路线、徽商兴起路线、滇越铁路、长征路线等，这些都可以作为研学旅行的"现成"的路线。

全国重点文物保护单位和国家考古遗址公园

全国重点文物保护单位简称"国保"，是由国家文物局在省级、市、县级文物保护单位中，选择具有重大历史、艺术、科学价值者确定的。截至目前，国务院已公布八批总数为5058处的全国重点文物保护单位。

"国保"也是"国宝"，是不能移动的"国宝"级古迹、历史遗迹。"国保"是我们的祖先在历史、文化、建筑、艺术上的具体遗产或遗址，包含古遗址、古建筑、古墓葬、石窟寺及石刻、近代史迹等几大类别。具体构成类别涉及了在各个历史时期、衣食住行各方面的文化遗产，从考古学的聚落址、城址、矿冶、陶瓷遗址到皇家陵寝、单体墓葬，从古建筑的寺庙、宅第、牌坊、亭台楼阁、桥阙塔观，再到石窟、经幢、摩崖，还有与生产生活息息相关的梯田、茶园等也均在列。这些文物体型大、规模大，更关键的是与所在环境和谐统一，一旦离开原来的位置，其文化价值和艺术价值将受到重大破坏。

值得注意的是，早期"国保"名单中，对文物类型的认定标准更加注重单体或者独立构成单元，如寺庙、城、塔、阙等的保护价值；而如今在注重单体价值的同时，也更加关注生态群落以及文化景观的整体保护，比如武当山金殿入选第一批"国保"单位，时隔40多年，整体性的武当山建筑群入选第六批"国保"。在第六批、第七批、第八批"国保"名录中出现了大量的整体古村落，而盐田、茶园、枣园、梯田、垛田以及大栅栏商业建筑等被纳入"国保"体系更是对整体性保护的诠释。

这种变化的产生是基于前期具有极高价值的单体或独立单元文物已经得到了有效保护，同时，随着社会发展，文化遗产保护理念的不断更新而产生对类别的不同看法。

全国重点文物保护单位说是"单位"，不能认为是学习工作服务生产的"单位"，有的"国保"与实体单位合体，比如故宫、北京孔庙、雍和宫；有的"国保"身处闹市区，比如大栅栏商业建筑、清农事试验场、袁崇焕墓和祠、皇史宬、狮子林、盘门等，甚至有的"国保"还在使用；有的"国保"藏身山野间，比如秦直道、茶马古道、五更寮土高炉群、黄平县重安江水碾群等。

这些"国保"遍布祖国大江南北，从北端的黑龙江流域到南端的三沙群岛，都能寻到它们的身影。

从省级地域分布看，山西省从1996年起一直排名"国保"数量第一的位置，以至于有个说法：地上文物看山西。紧随有531处"国保"单位的山西省之后的是有420处的河南省，河北、浙江、陕西、四川、江苏、山东、湖南等省也均超过200处。

从市级行政单位看,"国保"总量位于全国排名前十位的城市是山西运城、河南郑州、山西长治、山西晋城、山西晋中、河北保定、江苏苏州、陕西渭南、陕西西安和江苏南京。

从区县级行政单位看,北京西城、北京东城、河南登封、苏州姑苏、安徽歙县、山西高平、河北蔚县、北京海淀、山西泽州、山西平遥占据全国区县级行政单位前十名——其中北京三个区,总数达103处,占北京市"国保"总数的绝大多数。

我国现有"国保"单位以古建筑最多,总计2162处,占总数的42.7%,其后依次是古遗址(1189处,占比24.5%)、近现代重要史迹及代表性建筑(946处,占比18.7%)、古墓葬(420处,占比8.3%)、石窟寺及石刻(308处,6%)、其他(33处,占比0.6%)。按照功能划分,古建筑大体分为城镇与村落,宫殿、府邸、衙署与官邸,宅第民居,坛庙祠堂,园林,宗教建筑,学堂书院、学校,驿站会馆、旅舍,店铺作坊、商业和手工业场所,桥梁和水利工程,防御工程等11个子类别。

古建筑类国保单位知名度高,类型繁多,数量可观,更便于在研学旅行中参观学习。很多"国保"已经成了研学旅行的目的地,出行时可以作些规划和安排,按照特定的专题作项目式研学。

国家考古遗址公园,是指以重要考古遗址及其环境为主体,具有科研、教育、游憩等功能,在考古遗址研究阐释、保护利用和文化传承方面具有全国性示范意义的特定公共文化空间。国家考古遗址公园所依托的考古遗址属于文化遗产的三种类型之一,在历史、审美、人种学或人类学角度具有突出的普遍价值。

2010年10月,国家文物局公布首批12个国家考古遗址公园,包括北京圆明园国家考古遗址公园、北京周口店国家考古遗址公园、吉林集安高句丽国家考古遗址公园、江苏鸿山国家考古遗址公园、浙江良渚国家考古遗址公园、河南殷墟国家考古遗址公园、河南隋唐洛阳城国家考古遗址公园、四川三星堆国家考古遗址公园、四川金沙国家考古遗址公园、陕西阳陵国家考古遗址公园、陕西秦始皇陵国家考古遗址公园、陕西大明宫国家考古遗址公园。

其后又公布了第二、三、四批名单,共有43处考古遗址入选。截至目前,国家考古遗址公园已建成55家,立项80家。这些都可以作为研学旅行目的地。

国家考古遗址公园均为全国重点文物保护单位。很多考古遗址因为"考古"的特性,并不一定适合开放,一旦被评定列入国家考古遗址公园,就要对外开放,发挥社会教育的作用。

科技馆、自然保护区、地质遗址

如果说博物馆、景区、"国保"等研学目的地大多是人文社科方向的话,那么科技馆、地质遗址和自然保护区就是自然科学方向的研学目的地了。

20世纪80年代,我国建成开放了以中国科技馆为代表的首批科技馆,开启了科技馆建设的先河。2012年底,中国科协提出建设中国特色现代科技馆体系,科技馆建设迅猛发展。2015年5月起,科协系统所属科技馆开展免费开放试点工作,公众接待量连年快速增长。2015年纳入试点单位的科技馆92家,当年接待公众2658万人次;

2016年增至123家，当年接待公众3722万人次。截至2021年底，各级科协拥有所有权或使用权的科技馆1004个，总建筑面积553.8万平方米，展厅面积296.6万平方米。已实行免费开放的科技馆937个。2016年起中国科技馆全年接待参观人数逐年增加，2019年中国科技馆全年接待参观人数达7479.4万人次。

科技馆目前是各地重要的建设发展项目，新的科技馆越来越注重展览的策划和设计。形式上，主题展开式、故事线、知识链、学科分类式等多种形式并存共生，内容上增加了新能源、航空航天、信息技术、生物工程等前沿科技的展示，VR、AR等新技术的展示方式不断涌现，展品的互动性、启发性、创新性、特色化不断增强，吸引更多的家庭前去研学。

中国科技馆与中国国家博物馆、中国美术馆等一样，都是国家级的专业场馆，是激发孩子科学兴趣、培养科学素养的最佳场所。馆内设有"华夏之光""科学乐园""探索与发现"等五大主题展厅，球幕影院、4D影院等四个特效影院，此外还设有多间实验室、科普报告厅、多功能厅等。中国科技馆还主动开展适合研学的课程化的科教活动，其中最为知名的就是"科技馆里的科学课"系列，分为"院士科学人文课""青年科学家科技前沿课""科技辅导员科学基础课"，从科学人文、科技前沿、科学基础三个方面为青少年提供更为全面系统的优质科普教育资源，旨在普及科学知识、弘扬科学精神、倡导科学方法、传播科学思想，在广大青少年心中埋下科学的种子，引导他们探索未来科学之路，树立追寻科学的航标。

对于来此研学的北京家庭来说，只要持续关注信息，积极参与即可。对于到北京研学的外地家庭，我建议留出一天时间去中国科技馆，所以需要提前规划，了解有关信息，选择有科教活动的时间前往。

我们一家曾经在上海待过半个月，连续数天去上海科技馆——为了能看全四个影院的科普影片；同时，那里的机器人、地壳展厅也很吸引孩子。

天津科技馆的数学展厅、江苏科技馆的"丹顶鹤故事"、浙江科技馆的中医展区、建立在厂房的厦门科技馆的"海洋摇篮"、湖南科技馆的杂交水稻和八百里洞庭展厅、四川科技馆的水利工程展厅，还有号称世界最大的科技馆——建筑面积14万平方米的广东科学中心，都可以带着孩子多次前往。

自然保护区是指国家用法律形式确定的长期保护和基本上任其自然变化的自然生态系统和自然景观地域。

我国的自然保护区分为国家级自然保护区和地方级自然保护区，地方级又包括省、市、县三级自然保护区。按照保护的主要对象来划分，自然保护区可以分为生态系统类型保护区、生物物种保护区和自然遗迹保护区三类；按照保护区的性质来划分，自然保护区可以分为科研保护区、国家公园、管理区和资源管理保护区四类。保护区的总体要求是以保护为主，在不影响保护的前提下，可以把科学研究、教育、生产和旅游等活动有机地结合起来，使它的生态、社会和经济效益都得到充分展示。

1956年10月，林业部制定了《天然森林禁伐区（自然保护区）划定草案》，并在广东肇庆建立了中国的第一个自然保护区——鼎湖山自然保护区。截至2016年，我国建立国家级自然保护区446处，总面积 97 万平方千米；地方级自然保护区 2294 处，总面积 50 万平方千米。

面对全球日益严峻的人口、资源、环境危机，联合国教科文组织于 1971 年发起了一项政府间的科学计划——人与生物圈计划，旨在为改善人类及其生存环境之间的相互关系打造一个科学基础。1979 年，长白山、鼎湖山、卧龙三个自然保护区作为中国第一批成员加入世界生物圈保护区网络。截至 2023 年 5 月，中国加入该网络的生物圈保护区有长白山、鼎湖山、卧龙、梵净山、锡林郭勒、武夷山、博格达、神农架、盐城、西双版纳、茂兰、天目山、丰林、九寨沟等 34 处。

展品本天成，天然去雕饰。每一处自然保护区都是一座天然的博物馆，激发我们对大自然的热爱，让我们埋下敬畏自然、爱护自然的种子。

地质公园是以具有特殊地质科学意义、稀有的自然属性、较高的美学观赏价值、具有一定规模和分布范围的地质遗迹景观为主体，并融合其他自然景观与人文景观而构成的一种独特的自然区域。在地学研究与教学、地质遗产保护及旅游观光等方面具有重大价值；有的还可能兼具生态、考古、历史或文化价值。

地质公园分为四级：县市级地质公园、省级地质公园、国家地质公园、世界地质公园。

1984 年，经国务院批准，天津市蓟县中上元古界地层剖面被列为我国第一个国家级地质自然保护区。2001 年公布了首批 11 个国家地质公园，分别是：云南石林国家地质公园、湖南张家界砂岩峰林国家地质公园、河南嵩山国家地质公园、江西庐山国家地质公园、云南澄江动物群国家地质公园、黑龙江五大连池国家地质公园、四川自贡恐龙国家地质公园、福建漳州滨海火山国家地质公园、陕西翠华山国家地质公园、四川龙门山国家地质公园、江西龙虎山国家地质公园。

2004年6月，第一届世界地质公园大会在北京召开，会上通过了《地质公园大会章程》和《地质遗迹保护——北京宣言》；并宣布了全球首批25个世界地质公园名单，其中包括中国的湖南张家界砂岩峰林地质公园、江西庐山地质公园、河南云台山地质公园、云南石林地质公园、广东丹霞山地质公园、安徽黄山地质公园、黑龙江五大连池地质公园和河南嵩山地质公园等8处。

到2020年7月，全球已经建立了161个世界地质公园，其中我国有41个。我国还分批建立了220个国家地质公园。

有些地质公园是很多家庭的研学目的地，但大家未必知道其"地质公园"这一属性。比如41个世界地质公园中的安徽黄山、江西庐山、河南云台山、云南石林、广东丹霞山、湖南张家界、河南嵩山、浙江雁荡山、江西龙虎山、山东泰山、陕西秦岭终南山、安徽天柱山、大理苍山、湖北黄冈大别山、安徽九华山、山东沂蒙山、黑龙江五大连池、黑龙江镜泊湖、内蒙古克什克腾、四川自贡、湖北神农架等。

国家级地质公园中也有很多非常知名，且适合作为家庭研学目的地。比如北京十渡、河北涞水野三坡、河南王屋山、山西五台山、吉林长白山、苏州太湖西山、四川四姑娘山、湖南凤凰、云南丽江玉龙雪山、甘肃天水麦积山、西藏羊八井等。

国家公园

国家公园是保护区的一种类型，保护区（也称保护地、保护区域）是指为了保护和维持生物多样性、自然以及相关的文化资源，通过法律或其他有效手段建立的陆地或者海洋区域。

世界上有许多类型的自然保护区。为了规范保护区的分类，世界自然保护联盟（IUCN）提出并建议各国根据管理目标，将自然资源保护区划分为严格的自然保护区和原野保护区、国家公园、自然纪念物、栖息地/物种管理地、陆地/海洋景观保护区、受管理的资源保护区六种类型。其中，国家公园是为保护典型自然生态系统的完整性而划定的，需要特殊保护和管理，并适度地利用其自然景观，开展生态教育、科学研究和生态旅游的自然区域，其保护强度仅次于严格的自然保护区和原野保护区。

建立国家公园体制是我国生态文明建设的重要内容和重大制度创新，是推进自然生态保护、建设美丽中国、促进人与自然和谐共生的一项重要举措。其目的是保持自然生态系统的原真性和完整性，保护生物多样性，保护生态安全屏障，给子孙后代留下珍贵的自然资产。

2021年10月，国家主席习近平在《生物多样性公约》第十五次缔约方大会领导人峰会上宣布，中国正式设立三江源、大熊猫、东北虎豹、海南热带雨林、武夷山等第一批国家公园。第一批国家公园涉及西藏、青海、四川、陕西、甘肃、吉林、黑龙江、海南、福建、江西等10个省区，保护面积达23万平方千米，涵盖我国陆域近30%的国家重点保护野生动植物种类。

这五处国家公园是非常合适的家庭研学旅行目的地，同时还与其他类型的研学目的地有路线上的重叠，我们可以专线研学，也可以采用与其他目的地"混编"的方式。

三江源国家公园地处青藏高原腹地，是长江、黄河、澜沧江的发源地，素有"中华水塔"之称。园内广泛分布冰川雪山、高海拔湿地、荒漠戈壁、高寒草原草甸，生态类型丰富，结构功能完整，是地球第三极青藏高原高寒生态系统大尺度保护的典范。

大熊猫国家公园跨四川、陕西和甘肃三省，涉及的自然保护地较多，主要有四川卧龙国家级自然保护区、四川千佛山国家级自然保护区、四川王朗国家级自然保护区、陕西太白山国家级自然保护区、陕西佛坪国家级自然保护区、甘肃白水江国家级自然保护区。这里是野生大熊猫集中分布区和主要繁衍栖息地，保护了全国70%以上的野生大熊猫。园内生物多样性十分丰富，具有独特的自然文化景观，是生物多样性保护示范区、生态价值实现先行区和世界生态教育样板。

东北虎豹国家公园跨吉林、黑龙江两省，分布着我国境内规模最大、唯一具有繁殖家族的野生东北虎、东北豹种群。园内植被类型多样，生态结构相对完整，是温带森林生态系统的典型代表，成为跨境合作保护的典范。

海南热带雨林国家公园位于海南岛中部，保存了我国最完整、最多样的大陆性岛屿型热带雨林。这里是全球最濒危的灵长类动物——海南长臂猿唯一分布地，是热带生物多样性和遗传资源的宝库，岛屿型热带雨林珍贵自然资源传承和生物多样性保护典范。

武夷山国家公园跨福建、江西两省，分布有全球同纬度最完整、面积最大的中亚热带原生性常绿阔叶林生态系统，是我国东南部动植物宝库。武夷山有着无与伦比的生态人文资源,拥有世界文化和自然"双遗产",是文化和自然世代传承、人与自然和谐共生的典范。

矿山公园、工业遗产

矿山公园指的是矿山地质环境治理恢复后,国家鼓励开发的以展示矿产地质遗迹和矿业生产过程中探、采、选、冶、加工等活动的遗迹、遗址和史迹等矿业遗迹景观为主体,体现矿业发展历史内涵,具备研究价值和教育功能,可供人们游览观赏、科学考察的特定的空间地域。矿山公园集中展现了矿山及铁矿悠久的采矿历史和深厚的文化底蕴,是工业旅游的景观代表。国家矿山公园由原国土资源部审定并公布。我国目前共有88处国家矿山公园。

黄石国家矿山公园于2007年4月22日开园,是我国首座国家矿山公园,也是国家4A级景区。我们去过且孩子们也都非常喜欢的还有唐山开滦煤矿国家矿山公园。

与前文其他研学主要目的城市相结合,我推荐北京平谷黄松峪国家矿山公园、河北任丘华北油田国家矿山公园、安徽铜陵市铜官山国家矿山公园、江西景德镇高岭国家矿山公园、河南南阳独山玉国家矿山公园、广东深圳凤凰山国家矿山公园等目的地。这些矿山公园涉及的矿物有煤炭、石油、黄金、玉石、铜矿等不同种类。

在研学旅行后,随着儿女视野的开阔、知识的逐渐积累,我们一家开始注意到工业遗产。

国际社会对工业遗产的概念阐述为:"凡为工业活动所造建筑与

结构、此类建筑与结构中所含工艺和工具、这类建筑与结构所处城镇与景观，以及其所有其他物质和非物质表现，均具备至关重要的意义……工业遗产包括具有历史、技术、社会、建筑或科学价值的工业文化遗迹，包括建筑和机械，厂房，生产作坊和工厂，矿场以及加工提炼遗址，仓库货栈，生产、转换和使用的场所，交通运输及其基础设施以及用于住所、宗教崇拜或教育等和工业相关的社会活动场所。"（《下塔吉尔宪章》）

工业遗产是城市建立和发展的重要记忆，是人类所创造并需要长久保存和广泛交流的文明成果，见证了工业活动对人类历史和生活所产生的深刻影响，是人们认识工业活动的产生、发展和深刻变革的物质证据，对研究某类工业活动的起步和过程具有普遍的价值。

2022年举办冬奥会的北京，曾经也是重要的工业城市。作为冬奥赛场之一的首都钢铁厂，自1919年开始投产，是我国重要的钢铁生产基地。为贯彻中央决策和北京市部署，首钢于2011年1月停产，现在已经完全转型为文化园区。百年的高炉下，开办了书店、酒吧、咖啡馆、演出场所等群众文化消费场所，特别是为承办冬奥赛事而新建的首钢滑雪大跳台，与生产设施完美融合，焕发了新的生机。伴随着北京城市发展与冬奥会举办，首钢工业园区成为非常好的研学基地，展现了钢铁工业与文化、运动的完美结合。

相较于北京西部的首钢工业遗存，北京东部的798文化园区则是完全由市场自发形成与发展起来的，众多艺术与设计机构，带给人审美与生活相融合的感受和熏陶，现已成为文化交往交流的"圣地"，也很适合年龄略大的青少年去研学。

首钢园区

南京的晨光1865科技·创意产业园是在金陵机器制造局旧址上开设的。这处重要的历史遗存自兴建起一直发挥着作用——1865年5月，代理两江总督的李鸿章在南京聚宝门（今中华门）外扫帚巷东首西天寺的废墟上兴建厂房，筹建金陵制造局，亦称金陵机器局。它与同年创办的上海江南机器制造总局、1866年创办的福州船政局、1867年创办的天津机器制造局齐名，是我国19世纪60年代洋务运动期间创办的四大兵工企业之一。

如今工业生产停止，文化传承开启。园名中的"1865"满载着时代的印记，见证了百年的中国从封闭走向开放的历史进程。

我是铁路子弟，常常带着儿女进行一些"铁路探险"，就是去一些被保护或者废弃的铁路及其附设建筑转转、看看。北京作为全国铁路总枢纽，有许多与铁路有关的遗存，喜欢铁路、铁道、火车、高铁的孩子可以规划一些铁路主题的区域的研学路线。如被列入中国工业遗产保护名录的始建于1890年的关内外铁路（京奉铁路），包括京奉铁路沿线的北京、天津、河北、辽宁等四地，主要工业遗存有：北京的京奉铁路正阳门车站、东便门信号房，天津的新开河站（今天津北站）站房及天桥、塘沽站、塘沽南站、扳道房、机车修理厂房、老弯道、塘沽八号码头、汤河桥，沈阳的三洞桥、辽宁总站（今沈阳北站），以及京奉铁路路界桩（中国铁道科学院3个、京铁家园社区铁路博物馆1个、中国铁道博物馆）、北宁铁路界石碑（藏于中国铁道博物馆）等。再如从西直门站（今北京北站）至青龙桥站的京张铁路遗存，以及丰台京汉铁路的工人劳动补习学校、长辛店工人俱乐部、工人夜班通俗学校、长辛店留法勤工俭学预备班等工业遗存。

截至2023年底，我国已经发布了三批中国工业遗产保护名录，涉及工业遗产300个，其中已经对外开放，可以作为研学目的地的有：始建于1866年的福州船政（现为马尾船厂厂区及船政文化园区）、1880年开建的大沽船坞（现为北洋水师大沽船坞遗址纪念馆）、1921年始建的东三省兵工厂（沈阳旧址现为沈阳黎明航空发动机公司，枪所搬迁至北安市，现为庆华军工遗址博物馆）、1939年始建的重庆抗战兵器工业遗址（部分现为重庆抗战兵器工业遗址公园）、1939年始建的山西黎城黄崖洞兵工厂（现为黄崖洞兵工厂展览馆）、1878年始建的开滦煤矿（现为开滦博物馆、开滦国家矿山公园）、1890年始建的大冶铁矿（现为黄石国家矿石公园）、1878年始建的中兴煤矿（现为中兴煤矿国家矿山公园，枣庄）、1898年始建的萍乡煤矿（现为安源路矿工人运动纪念馆）、1901年始建的坊子炭矿（现为坊子炭矿遗址文化园，潍坊）、1901年始建的抚顺煤矿（现为抚顺煤矿博物馆）、1905年始建的本溪湖煤铁公司［现为本溪（溪湖）煤铁工业遗址博览园］、1907年始建的大同煤矿（现为晋华宫矿国家矿山公园）、1894年始建的汉阳铁厂（张之洞与武汉博物馆）、1881年始建的唐山铁路遗址（中国铁路源头博物馆）、1899 年始建的胶济铁路（胶济铁路博物馆）、1903 年始建的滇越铁路（云南铁路博物馆）、1905 年始建的京张铁路（詹天佑纪念馆）、1930 年始建的南京下关火车渡口、1889 年始建的启新水泥公司（现为中国水泥工业博物馆，唐山）、1922 年始建的耀华玻璃厂（现为秦皇岛市玻璃博物馆）、1938 年始建的玉门油矿（玉门石油博物馆）、1959 年始建的大庆油田（大庆油田历史陈列馆）、1911 年始建的协同和机器厂（协同和动力机博物馆，广州）、1958 年始建的北京焦化厂（现为北京东部工业遗址文化园区）、1922 年始建的华丰造纸厂（华源创意工场，杭州）、1896 年始建的永泰缫丝厂（中国丝业博物馆，无锡）、1935 年始建的大华纱厂（大华工业遗产博物馆，西安）、1908 年始建的京师自来水公司东直门水厂（北京自来水博物馆）、1929 年始建的民国首都水厂（南京自来水历史展览馆）等。

水族馆、天文馆

我国大陆海岸线北起鸭绿江口，南至广西北仑河口，长达 18000 多千米。人们对于鱼类的捕猎和欣赏由来已久。为了观赏方便，人们不停地改进收集、饲养和展示鱼类的条件，近代以来出现了"水族馆"这一事物。

水族馆这个名称比不上"海底世界""海洋世界"高大上，常常出现在一些水产品、宠物市场。实际上，水族馆指的是水生生物饲养展示和科普教育的场所，同时也是水生生物资源保护和科学研究的场所。水族馆可专养海洋生物或淡水生物，也可二者兼养；在类型上，既有供观赏或普及科学知识的公共水族馆，也有供科研及教学专用的水族馆。"海底世界""海洋世界"也属于水族馆，除科教功能外，它们还具有突出的娱乐性、休闲性。它们大多是以海洋为主题的动物园或游乐场。人们可以身处其中，近距离观赏北极熊、企鹅、海豹、海豚、大白鲸、鲨鱼、海龟等海洋动物，以及各种各样的海洋鱼类。这里还有海豚、海豹等动物的现场表演，以及与马戏团类似的互动环节，不失为优秀的寓教于乐的研学目的地。

我国第一个水族馆是建成于 1932 年的青岛水族馆，后来水族馆建设发展缓慢。1977 年香港海洋公园建成开放，1978 年中国农业展览馆水族馆和广西北海市水产展览馆建成，1980 年，主要用于研究工作的中国科学院水生生物研究所白鱀豚馆建成。到了 20 世纪 90 年代，各地相继建立了大型海洋馆、海洋世界、极地馆。如北京的九龙游乐园水族馆、富国海底世界、太平洋海底世界、北京海洋馆，以及国家自然博物馆的水族馆，都各具特色，我们可以根据自己的需求和兴趣选择合适的场馆。西安、济南、烟台、三亚、徐州、昆明、大连、上海、福州、南京、武汉、广州、厦门、成都、杭州、深圳、长沙、南宁、太原、桂林、郑州、南昌、重庆、洛阳、日照、宁波等城市也都建成开放了海洋馆，多数有极地海洋动物展示。大连、蓬莱、哈尔滨、抚顺、合肥、青岛还专门建有极地馆。

具体的场馆，我推荐北京海洋馆、青岛极地海洋馆、香港海洋公园、大连圣亚海洋世界、珠海横琴长隆国际海洋度假区、上海海洋水族馆、大连老虎滩海洋公园、深圳小梅沙海洋世界、长沙海底世界和国家海洋博物馆（天津），以及上海、武汉、天津、成都等地的海昌极地海洋世界。

我在为朋友开列北京研学路线时,有一条西直门外"上天入海、龙腾虎跃"的路线,主要目的地就是相邻的北京天文馆、北京海洋馆、中国古动物馆和北京动物园。

北京天文馆是我国的第一座大型天文馆,于1957年正式对外开放。1958年1月28日《人民日报》刊登了美术家邵宇的速写"北京天文馆"并且配有下面的诗句:

天文馆,

你满腹星辰;

你扩大着我们的眼界,

你给我们豪迈的人类自信;

大胆的理想和科学实践,

必定要打开通往宇宙的大门。

如诗句所言,天文馆可以开阔我们的眼界,为我们打开通向宇宙的大门。孩子在适当的年纪(我们是5岁后开始去天文馆参观的)去天文馆游学,说不定也会开启一扇通向宇宙、通向科学的大门。

目前我国有近300个天文馆(天象厅),有独立的,也有附设于科技馆、青少年中心、少年宫等场所的。除了北京天文馆外,中国科学院紫金山天文台、天津科技馆、上海科技馆、河北科技馆、广州科技中心、深圳少年宫、香港太空馆、澳门科技馆、台北天文科学教育馆属于大型馆,其余大都是中小天象厅。

另外,位于北京昌平的国家天文台沙河科普基地、上海佘山的上海天文博物馆、青岛的中科院紫金山天文台青岛观象台都是非常专业的天文研学目的地。

知名大学、历史文化街区

生活即教育。市井胡同、广场、宗教场所、大学校园，特别是有一定历史文化积淀的生活街区，都是很好的研学旅行目的地。

自夏令营开始在我国出现，知名大学的校园就成了非常重要的研学旅行目的地。特别是学生，来北京大多会去北京大学、清华大学"打卡"。这是带有一种精神激励性质的研学之旅。有些大学本身也是很好的景点，有悠久的历史可以挖掘，有各具风格的"万国"建筑可以观摩，有别有特色的校园文化可以欣赏。比如有绵延岳麓书院千年文脉的湖南大学，有被称为"东方最美丽的校园"、建立在随园基础上的南京师范大学，有拥抱大海的厦门大学，有常常见到世界冠军的北京体育大学……都可以带领孩子游在其中，学在其中。

截至2023年10月，经国务院批复认定的历史文化名城共有143座，多数名城都有能承载当地历史、文化、传统的街区，值得全家去"打卡"。2015年，住建部、国家文物局联合公布了中国首批30个历史文化街区，其中既有北京市皇城历史文化街区、苏州平江历史文化街区等传统文化街区，上海外滩、天津五大道、长春第一汽车制造厂等近现代工商业街区，也有南京颐和路、厦门鼓浪屿等生活街区。这些历史文化街区一般都是文物古迹比较集中，或能较完整地体现某一历史时期的传统风貌和民族地方特色的，具有历史、科学、艺术价值的街区、建筑群、小镇、村寨等。

历史文化街区首先得益于其独特的历史。世易时移，历史岁月沉淀为独特的文化记忆和标志，并融入当地人独特的习俗，在居住生活之余，渐渐成为当地人时常光顾的休闲场所，最终因为本地人的活动，增加了地域化的独特生活场景和氛围，具备了研学的价值。

习近平总书记强调："一个城市的历史遗迹、文化古迹、人文底蕴，是城市生命的一部分。"历史文化以各种方式保留在城市肌体里，沉淀为独特的记忆和标识，例如北京的胡同、上海的石库门、福建福州的骑楼等。以真实的历史文化遗产为载体，城市的文脉才能得到有效传承。研学目的地如果选择在这些城市，不妨前往这些历史文化街区去感受当地的风土人情。

值得注意的是，"名城""老街"应该基于地方的历史文化真实之上，而非生搬硬造，甚至弄虚作假。我们在设定研学路线的时候要加以甄别。

"他邦的文明"：多元文化

我的朋友、悠贝亲子图书馆的创始人林丹笃行"读万卷书，行万里路"的家庭教育理念。她认为："背包装满希望，最好的教养在路上，让孩子体验未知的可能。汗水承载梦想，给孩子发现世界的机会。"她的女儿不到 8 岁时，就已经游历了北美、西欧、东南亚等地区的十多个国家。林丹认为阅读是让孩子获得间接经验，而旅游则是获得直接经验，将直接经验与间接经验融会贯通，孩子认识世界的基础也就形成了。

我们两家有过一起短途研学旅行的经历。与我们家先立足国内研学旅行不同，林丹率先带着女儿走出国门，连南极都去过了。现在就我了解到的林丹的女儿，虽然面临学习压力，但是非常有想法、有主见，有较强的审美感受能力，很从容，对于自己喜欢的事物非常专心。

当然，林丹也会带着女儿畅游国内。

研学旅行对孩子的影响有的是显性的，有的是隐形的。孩子走过的路越多、越远，他们生命的印记就越丰富，他们看待世界、行走世界就会更从容，更有选择的能力。

我们家有一幅长达三米的中国地图，上面有越来越多的彩色即时贴，那是一家人去过的地方，每个地方都是满满的回忆，都有孩子们自己的故事。这些故事会在今后他们的学习中重逢，也会为他们以后的生活打下底色。到儿子上初中前，他已经行走过100多个城市，女儿也去过了60多个城市。我们想，等孩子和我们一起通过国内游学，对祖国有了更多的、更深入和全面的认知，同时也积累了很多独自远行的经验后，就可以放心地开始环球游历了——有些他邦是需要他们自己游历的。

我们家的国际研学旅行有一个总的课程化名称，叫作"他邦的文明"，重点关注"文明与冲突""科技与发展"。为此，我们全家首站去了柬埔寨，在那里，可以作中国石窟与柬埔寨石窟的比较，可以了解热带雨林。然后我们去波兰，去德国，去俄罗斯，去匈牙利，每个地方都要待五天以上，尽可能多地深入了解那个国家。与主题紧密相关的塞浦路斯、希腊、土耳其、塞尔维亚等国，因特殊原因没有成行，还在我们一家人或者孩子们各自的国际研学计划中。

需要提醒的是，我们反对到了一个景点后，蜻蜓点水地证明自己来过了，也反对来到一个景点，一定要让孩子"知道"些什么、"收

他邦的石窟（吴哥窟）

获"了什么。其实孩子看到了、听到了居所之外的广阔世界、人群之外的自然万物，那就够了。孩子正是从这种体验中熟悉自己的周遭，认识更广阔的大自然，然后再去观察人和社会，思考自己的人生。

我曾看到一篇关于游学的报道，导引部分是这样的："今年12岁的小姑娘烯烯，从7岁开始到现在，5年间跟着父母去过28个国家。去年暑假，她的父亲与她一起在申根14国奔走了40天，这不是烯烯第一次出国，然而却是旅行时间最长的一次。她的父亲说，烯烯是幸福的，通过旅行，她从一个安静内向的小孩转变成现在能主动地与外国人交谈，在旅途中渐渐成长起来。"

能看出来，这个家庭比较追求高效率地行走更多的国家。父亲认为女儿一个很重要的成长是"能主动地与外国人交谈"。这一点在一个专业的调查报告"国际游学用户目的"中名列第二位，仅次于很常规很务虚的"开拓视野，增长见识"。

这篇报道中提到"在烯烯 7 岁时，父亲决定带着孩子出国见世面，而在此之前，烯烯去过最远的地方是所在城市的一个岛屿"。在向很多朋友讨教之后，他们第一次走出国门去了泰国。烯烯爸爸说："第一次带着孩子出国时总是会特别谨慎，路线反复研究，攻略反复钻研，还提前学了一些当地的词汇备用。"这体现了父亲的规划能力。报道说，之所以选择泰国，"除了廉价的机票、成熟的路线以外，最重要的是烯烯父亲已经有了一次泰国游的经验。带着妻女旧地重游，会相对熟悉一些"。

烯烯爸爸的考虑很重要。一项调查显示，"游学国家和地区（57.4%）"是规划国际游学的首选因素，其次是"行程安排（50.3%）"和"课程体系（49.7%）"，"费用（38.5%）""机构选择（26.9%）"和"时间（24.7%）"是后三位需要考虑的因素。

同一个调查中，在选择机构选项时，"游学内容和课程安排"又成了首选。这也表明不少家庭还是希望由专业机构来负责研学部分。可见，国际研学旅行的规划难度还是很大。

我们家的国际研学旅行，就已经完成的四次路线来看，都圆满地完成了"他邦的文明"整体研学规划中计划的内容。因为我们有大量国内研学旅行的基础，有对于国际研学旅行的合理规划，故而在国际研学旅行中没有遇到太多的困难。但我知道，对于国际研学旅行，大家看法不一，存在许多不同的声音。待我们家完成"他邦的文明"国际研学计划后，再与大家分享更多的心得。

殷飞老师感悟

家庭研学旅行去哪里？可以说任何地方都可以去，都能给孩子带来收获；也可以说不加规划和分析，研学的效率和效果会降低。这里，李一慢先生向我们呈现了人类文明荟萃地博物馆，让我们感受到了博物馆的魅力，也打消了我们常常认为的孩子对博物馆没有兴趣的疑虑。

李一慢先生还分类介绍了许多优秀的研学目的地，给立志带着孩子走出家门进行研学旅行的家长们勾勒了清晰的路径，让我们能够实事求是地从身边的资源开始尝试着走出第一步，也明白自己所走出的那一步在研学旅行的哪个坐标点上，做到心中有数，脚下有力。

第三章
家庭研学旅行经典案例解析

一、课本中的诗词之旅

研学，串起家庭与学校的诗教

古诗文是"文史地不分家"的重要载体，是家庭、学校、社会教育和教学中的常选项。古诗文的学习有助于理解其他的文本，有助于创作表达，有助于生活情趣和品位的提高。课本中的古诗文篇目、数量统一，是所有孩子都学过的"已知信息"。

我们家很重视对古诗文的亲近和学习。我曾经采取"每周一诗"的做法，全家人在一周内共读共说共背一首诗，虽然没有强调一定要背诵，但是在孩子的已知信息库里就会种下这些诗文的种子。

我曾经花了十年时间游走于自己喜欢的五个城市，常常有"梦里不知身是客"的感伤、惆怅，也有着"游子"的惘然，有着"独在异乡为异客"的思念。人到中年，才更能与古人藏在诗词歌赋里的精神相应和。以前年轻且单身的我是从文学和文本的视角去亲近古诗文，而如今的我是用我的生活、我的爱去感受。

我中学时候的语文老师李长乐先生，是一位上过私塾的老先生，他对于分析现代课文的字词篇章说不上多么精彩，可他说到古诗文时的神采，一直让我记忆犹新。少年时的我，也经常胡诌些文字，不过是"为赋新词强说愁"。但不可否认，我对于古诗文的爱好就是从那时开始的。经历越多才越发现，童年时靠反复诵读背诵下来的古诗文，装载的是古人创作时的一往情深，就等着时间过客如我等来，在某些特定的时空中与之共鸣。

就像有个段子说的，背诵古诗文对于中国人而言，能让我们在看到美景时，第一反应不是"牛！"，不是千篇一律的"amazing！"，而是感慨"良辰美景奈何天"，或者是"杨柳岸，晓风残月"。这份美好，是古诗文可以带给我们的。记得2016年清明，我们去平谷度假，看到果树结果，我在朋友圈发了一句"花褪残红青杏小"，引来了众多人点赞。

何止是"残红"和"青杏"，从北国大雪纷飞到南海烟波浩渺，从西域戈壁荒滩到东胜海客瀛洲，从瑶池仙境到西山村居，从天府巴蜀到江南烟雨，每一处都能在古诗文中寻觅得到。我们读这些诗文，不正是随着那些诗人——何尝不是伟大的旅行家呢——一起去旅行吗？

又何止是"穿越千年、驰骋万里"，更是"天涯何处无芳草"的自我救赎。对孩子来说，在古诗文的熏陶下，当他的人生际遇与诗词所言相近时，他不免产生共鸣，诗词在此时便可起到舒缓情绪、沟通灵魂的作用。

古诗文带给人最美妙的体验是从语言的韵律和节奏开始的，文字和情怀的美好只有等到长大后才能领悟。可是，如果没有幼年的文化积累和习惯养成，长大后再想领略这份美好，怕也是不现实的吧？

这些古诗文应该不断重复，不断在孩子的耳边眼前"晃荡"，所谓耳濡目染，大概就是这样的。就诗歌气氛的熏陶而言，家庭教育的效果其实是要胜过学校教育的。可惜，多数家长都忽略或者无暇顾及这一点。有的家长自己没有诵读古诗文的兴趣，所积累的只是当年作为学生时候不得不背诵的那些诗文——换个角度说，幸亏当年在考试驱使下的"死记硬背"，现在在孩子面前还能记忆起或多或少、或长或短的古诗文。

背诵古诗文，需要情境和一定的坚持。2016年春，我们在参观完河北博物院，路过定州回京的路上，听了评书《杨家将》《三国演义》和传统相声的音频，胡老师说她想额外加一首苏轼的送别诗，大家都赞同，并且抢着要学习，看看谁能先背诵。胡老师读了三遍《东府雨中别子由》，似乎孩子们也能与苏轼兄弟心意相通呢——所以，很快就能背诵了：

庭下梧桐树，三年三见汝。
前年适汝阴，见汝鸣秋雨。
去年秋雨时，我自广陵归。
今年中山去，白首归无期。
客去莫叹息，主人亦是客。
对床定悠悠，夜雨空萧瑟。
起折梧桐枝，赠汝千里行。
重来知健否，莫忘此时情。

长江两岸诗词多

在游学中，我们越发体会到古诗文是传统文化的最佳载体，这些传统文化藏在文字的背后，浸入了中国人的血脉。

女儿上了小学后，我们家就开始每周通过游戏的方式来背一首诗，而且选特别有趣的、能关联已知信息的诗。在关于生活风俗、花草树木、风花雪月等孩子喜欢的古诗中，很多都与长江有关。这一方面是家庭阅读和学科学习的需求所致，另一方面也是因为我的家庭研学整体框架中一项重要的内容——长江研学。

长江研学路线按自然条件可分下游、中游和上游三段。下游是我们一家在2015年完成的，叫"大江东流去"，隔年又走了中游。我们的长江研学自驾游是从长江入海口的崇明岛开始，经由南通、镇江、扬州、南京、马鞍山、宣城、池州、安庆、九江、黄冈、鄂州、武汉、咸宁（赤壁）、岳阳、荆州到宜昌。

参阅前面有关"如何设计研学"的内容，从不同的点线面入手，长江研学可以设计出许多条不同的研学路线。比如我从李白、长江下游的南京入手，可以设计为"李白在金陵"，也可以是"跟着诗词游金陵""秦淮河畔遇见诗"等主题，还可以扩展为"徐州、扬州、金陵——李白在江苏""李白与吴越文化"等。还可以以一处在古诗文中的知名地点作为单一的研学目的地，比如长江下游镇江江边的北固山，就可以设计出"何处望神州？满眼风光北固楼——镇江三山古诗文游"。

去镇江，一定要去镇江三山（金山、焦山、北固山），特别是北固山。别小看这只有50多米高的小山，却是我们数条点线面研学路线的重要一"点"。

北固山是长江下游江边最为重要的人文景点之一。这里曾经是江海交界处，也是"三国游"中的一个点——《三国演义》第五十四回"吴国太佛寺看新郎　刘皇叔洞房续佳偶"的故事发生地，刘备和孙尚香在这里的甘露寺成亲，留下了"刘备招亲""甘露寺"等诸多文艺作品，也留下了吴国太暗助刘备、孙夫人回乡投江的动人传说。另外，这里也与被称为"莽撞人"的张飞有关。张飞可不是"斗大的字不识一个"，他的书法很不错哦：甘露寺的匾额就是张飞所书。

当然，北固山只是"长江诗词之旅"中的一个点，许多文人在这里登高怀古留下大作，其中的很多诗词也是借三国故事抒发诗人的胸怀。比如我和孩子们都非常喜欢的陆游的一首《永遇乐·京口北固亭怀古》：

千古江山，英雄无觅，孙仲谋处。舞榭歌台，风流总被，雨打风吹去。斜阳草树，寻常巷陌，人道寄奴曾住。想当年，金戈铁马，气吞万里如虎。

元嘉草草，封狼居胥，赢得仓皇北顾。四十三年，望中犹记，烽火扬州路。可堪回首，佛狸祠下，一片神鸦社鼓。凭谁问：廉颇老矣，尚能饭否？

还有我们一家四口都喜欢的苏东坡留下的一曲《采桑子·润州多景楼与孙巨源遇》：

多情多感仍多病，多景楼中。尊酒相逢，乐事回头一笑空。

停杯且听琵琶语，细捻轻拢。醉脸春融，斜照江天一抹红。

我们在北固山流连，特别是走在那坡道时，儿子发出了感叹：这路难道就是刘备去和孙尚香约会走的路吗？女儿看着石壁上的野花，也在问：这花也有几百岁了吧？

于砖石明瓦的缝隙中，找寻先贤遗留的雪泥鸿爪，周遭弥漫着青草的气息，仿佛历史的烟云正悄悄浸润着每个人的心思，让人生发思古之幽情。

一生好入名山游——追随李白

离开北固山,我们去了南京的燕子矶,感怀一番后,直奔安徽的马鞍山。

马鞍山采石矶相传是李白捉月时不小心跌落长江溺亡之地——据辛文房《唐才子传》所述,李白老时"好黄老,度牛渚矶,乘酒捉月,沉水中"。当然这是个传说,但我就愿意相信——毕竟李白是"诗仙"啊。

在马鞍山,我们去了李白的衣冠冢,凭吊我们都很喜欢的老李家最著名的诗人,然后去不远处的太白楼。

位于采石矶的李白墓,那里是李白江中揽月、骑鲸成仙的地方,我愿意相信这里的李白墓是真的,还有白居易的诗为证:"采石江边李白坟,绕田无限草连云。可怜荒垄穷泉骨,曾有惊天动地文。但是诗人多薄命,就中沦落不过君。"于我个人而言,来到这里是重走研学路:我曾在19岁那年从南京徒步百多里来祭拜偶像李白。于众多喜爱李白的国人来说,李白墓还有段让人心痛的历史:这里历朝历代修缮保护完好,1938年被日寇炸毁,所有碑文石刻荡然无存。现在的太白墓和祠是1979年重修的。

太白楼,听名字就知道是纪念李白的,全国共有四处,分别在山东济宁、安徽歙县、四川江油青莲镇和安徽马鞍山。四处各具风格,济宁太白楼肃穆沉静,歙县太白楼古朴素雅,江油太白楼巍峨壮观,马鞍山太白楼庄严辉煌。李白在济宁生活了二十余年,日日在太白楼上饮酒赋诗,后在此得到玄宗皇帝的征召,在"赐还"后又归于此。

所以济宁太白楼与李白关系最为密切。马鞍山太白楼位于采石矶西南2千米处，面临长江，背依翠螺山，金碧辉煌，宏伟壮丽，与湖南岳阳楼、湖北黄鹤楼、江西滕王阁并称"长江四楼"。

离开太白楼，南行30千米就来到芜湖天门山。"天门中断楚江开，碧水东流至此回"，是长江冲断了天门山，还是恰巧两岸各有一山相对出？在长江边上，我们徜徉在李白诗句里的天门山前——准确地说，是长江东南岸的东梁山，站在江边，抬眼东望，只见江水滚滚，在这一片宽阔中，夹江而立两座不高的山。我们常见的各种诗配画中，总是把天门山描绘得巍峨高大，山势陡峭。眼见为实，真正的天门山就在眼前。如今我们再吟诵起李白的《望天门山》时，想必心里、眼前会浮现当时的景象。

李白是我们一家人都特别喜欢的诗人。他25岁离开四川，顺长江而下，开始浪漫的研学之旅。他先后游历了今湖北、湖南、江西、安徽、江苏等省，"南穷苍梧，东涉溟海"，先以金陵和扬州为中心，后以湖北安陆为中心。他游过洞庭湖、鄱阳湖、太湖、庐山、衡山、九嶷山等名山大湖。

祖国的壮丽山河，培养了李白热爱祖国的豪迈情怀和喜爱大自然的美好情趣。他的《望庐山瀑布》和《夜下征虏亭》两首诗，最能代表他东游名山胜水时惊喜和愉悦的心情。

日照香炉生紫烟，遥看瀑布挂前川。
飞流直下三千尺，疑是银河落九天。

船下广陵去，月明征虏亭。
山花如绣颊，江火似流萤。

长江不仅仅是研学的交通大道,更满载了李白的壮志情怀。他在《渡荆门送别》一诗中写道:"山随平野尽,江入大荒流。"从诗句中我们能发现,离家研学的李白,第一次感觉到自己家门口的长江与荆楚辽阔大地上的长江,是如此的不同,这也许引发了他在视野和思想上的开阔和解放。

李白的后半生基本是在长江下游,也就是江东地区度过的。他的晚年则主要在皖南盘旋流连,最后驻足并终老于宣城当涂——现隶属马鞍山市。

据说李白在安徽的"研学"路线不少于六次,其游历之处可概括为"双城(宣城、当涂)、三江(长江、秋浦江、青弋江)、四山(黄山、九华山、天柱山、敬亭山)"。这些地方也多次出现在我们的家庭研学路线中。

"双城"说的是宣城与马鞍山。当涂在唐时是宣城郡管辖下的一个县。宣城因南朝齐代诗人谢朓曾在这里任太守,写了不少著名的诗歌而闻名。李白也是最大的"谢粉",他的许多行程就在追寻谢朓的足迹,就好像今天我们这样追随李白。

谢朓在这两地的足迹所到之处几乎都有题咏,李白往来宣城、当涂两地也最多,他的诗也多次化用谢朓的诗句,融合谢朓诗的意境。李白对谢朓推崇备至,故清人王士禛《论诗绝句》云:"白纻青山魂魄在,一生低首谢宣城。"这是大家熟知的点评。更早一点,晚唐的徐夤也说过类似的意思,但说得更直截了当:"旧隐不归刘备国,旅魂长寄谢公山。"李白终老此地,有族叔李阳冰身为当涂县令的原因,也有追随谢公之意。

"三江"中的长江自不必说,但是能让李白写下 40 首诗,其中光以水名为诗歌名的就有 17 首的却是一条 180 千米的"小江",就是秋浦江。据统计,李白诗文超过千篇,其中可以探知明确地方的也就 650 篇,描写安徽的有 188 首诗歌、9 篇文章,描写秋浦的有 40 篇之多,可见他对安徽和秋浦的喜爱。李白写的 17 首《秋浦歌》写尽了秋浦的山水风光和风土人情。我真想长时间地生活在秋浦,领悟李白笔下的诗情画意,实现真正的"诗意的栖居"。

《秋浦歌》组诗中流传最广的"白发三千丈,缘愁似个长。不知明镜里,何处得秋霜",后两句描写的是秋浦江玉镜潭。冬天来这里,运气好的话,可看到大楼山上的霜雪映照在玉镜潭中。

另外一江是"泾川",现称青弋江,大名鼎鼎的桃花潭就在这条江上。除了《赠汪伦》外,李白还有 17 首诗写在泾川附近。

"四山"中有三座到现在都是公认的名山——黄山、九华山和天柱山。三山中我们先去了黄山,毕竟旅行家徐霞客说过"五岳归来不看山,黄山归来不看岳",而李白是最早发现黄山之美的,并写下了"黄山四千仞,三十二莲峰。丹崖夹石柱,菡萏金芙蓉。伊昔升绝顶,下窥天目松。仙人炼玉处,羽化留馀踪"(《送温处士归黄山白鹅峰旧居》)的诗句。

九华山原名九子山,因李白诗句"妙有分二气,灵山开九华"更名为"九华山"。李白在此游玩时见此山"九峰如莲花","乃削其旧号,加以九华之目",并与韦仲堪、高霁三人联句作诗以纪之。此后,李白还赠给韦仲堪一首诗,其中写道:"昔在九江上,遥望九华峰。天河挂绿水,秀出九芙蓉。"从此九华山名声大振。

李白在安徽的第三个名山研学点是天柱山。2016 年寒假,我们在第六次过安徽、第二次长江游、第二次三国游的时候,经合肥去爬了天柱山。我想李白也是来过古称庐州的合肥的，否则他写的《杭州送裴大泽赴庐州长史》怎么会那么真切：

　　西江天柱远，东越海门深。

　　去割慈亲恋，行忧报国心。

　　好风吹落日，流水引长吟。

　　五月披裘者，应知不取金。

我们在合肥参观了安徽博物院后，奔潜山，登天柱山。天柱山又名皖公山、皖山，也是安徽省简称为"皖"的来历之一。汉武帝曾封皖山为南岳，后隋文帝将南岳移于湖南的衡山，其名遂不大显于后世。天柱山西面的岳西县就与这个"前南岳"有关。李白于乾元元年（758）路过此山，作诗赞美曰："奇峰出奇云，秀木含秀气。清宴皖公山，巉绝称人意。"（《江上望皖公山》）李白的赞美引起了后世"白粉"们对天柱山的喜爱，特别是宋代文人苏轼、王安石等都来此山游览吟咏。

所以，我们可以说安徽这三座名山都与李白有很大的关系，李白的登临和题咏无疑带动了后世人的热情，使这几座山声名得以远播和流传。

可是在安徽，这三座名山还不是"诗山"，被后人赞为"第一诗山"的是宣城的敬亭山——"独坐敬亭山，相看两不厌"。

我统计了一下统编版语文教材，从一年级到九年级的义务教育语文教科书中，李白共"奉献"了15首诗歌，绝大多数写于长江一线。其中比较明确的有写巴蜀一带的《早发白帝城》《峨眉山月歌》，写荆江（湖北、湖南）的《夜宿山寺》《黄鹤楼送孟浩然之广陵》《渡荆门送别》，写于浔阳江（江西）和皖江（安徽）的有《望庐山瀑布》,以及写于安徽的《赠汪伦》《望天门山》《独坐敬亭山》《送友人》等诗篇。

我很喜欢李白的几首写于长江两岸的诗篇。《渡荆门送别》是年轻的李白出蜀后到了湖北荆门(今湖北宜都西北长江南岸)的作品。随着长江"冲"出了群山的李白,感觉世界格外清新广阔,山随着地势的降低"消失"了,只有那从家乡就"护送"而来的江水,滚滚东去……于是,李白写道:"渡远荆门外,来从楚国游。山随平野尽,江入大荒流。月下飞天镜,云生结海楼。仍怜故乡水,万里送行舟。"

接着,李白过江陵,奔襄阳,留下了"百年三万六千日,一日须倾三百杯"的豪迈。随后去江夏(今武昌),结识吴指南,相邀寻屈原踪迹。未几,慕孟浩然名去安陆,寻访不遇,留下《赠孟浩然》一诗:

吾爱孟夫子,风流天下闻。

红颜弃轩冕,白首卧松云。

醉月频中圣,迷花不事君。

高山安可仰,徒此揖清芬。

李白在安陆住了十余年,不过很多时候都是以诗酒会友,在外游历,用他自己的话说就是"酒隐安陆,蹉跎十年"。但也心怀希望,等待时机,正如他在《山中问答》一诗中所写:"问余何意栖碧山,笑而不答心自闲。桃花流水窅然去,别有天地非人间。"

寓居安陆期间,李白成了家,后来也如愿结识了长他12岁的孟浩然。孟浩然对李白非常赞赏,两人很快成了挚友。开元十八年(730)三月,李白得知孟浩然要去广陵(今江苏扬州),便托人带信,约孟浩然在江夏相会。几天后,孟浩然乘船东下,李白送到江边,送别时写下了《黄鹤楼送孟浩然之广陵》。二人思想感情上的相通,激发出千古名句:"孤帆远影碧空尽,唯见长江天际流。"

李白写了多首关于黄鹤楼的诗,这一首因为投入了深深的情感,而广为人知,成为李白最为著名的三首送别诗(另两首是《赠汪伦》和《送友人》)之首。李白流放夜郎途中又过黄鹤楼,写下了《与史郎中钦听黄鹤楼上吹笛》一诗:"一为迁客去长沙,西望长安不见家。黄鹤楼中吹玉笛,江城五月《落梅花》。"据说,武汉别称"江城"就是从这首诗而来——李白真是个地名命名的高手。

青年李白对孟浩然崇敬有加,是因为二人有着同样的政治热情和思想品格;也因为这是李白出蜀后能仰望的第一位"巨星",他会投射自己的理想人格在孟浩然身上;再者,李白无法通过科举入仕,想要学习孟浩然"仰望待时"、以隐逸求仕的方式。二人虽同样在政治抱负上没有收获,但李白文学创作的题材和内容远比孟浩然丰富和宽广。苏轼曾言:"浩然之诗韵高而才短,如造内法酒手,而无材料耳。"这一评价把孟浩然的文学成就一分为二,首先是"诗韵高",但是才气一般,尤其是没有素材,题材、思想就狭窄。

李白的青年时期是在蜀地和楚地度过的,游历促使他的文学创作风格走向成熟,也为他的世界观、人生观、价值观的形成奠定了基础。弗洛伊德说"儿童期经验是成人个性区别的根本来源",离开家、离开父母的研学旅行让青少年的生长环境发生变化,会促成其思想品格性格的定型或变型。

安陆生活十余年后,李白举家迁往鲁郡兖州任城(今山东济宁),开始了在齐鲁、中原以及长江下游地区的游历。其中包括应召进京、赐金放还的短暂入仕。

陪侍帝王，李白除了写"清平调"，也写"警世钟"——以"吴歌楚舞"中的"坠江波"来提醒统治者：

姑苏台上乌栖时，吴王宫里醉西施。

吴歌楚舞欢未毕，青山欲衔半边日。

银箭金壶漏水多，起看秋月坠江波。

东方渐高奈乐何！

李白回鲁不久，于746年南下，直抵扬州，开始又一次的长江游历，遂有《登金陵凤凰台》中"长安不见使人愁"的感慨：

凤凰台上凤凰游，凤去台空江自流。

吴宫花草埋幽径，晋代衣冠成古丘。

三山半落青天外，一水中分白鹭洲。

总为浮云能蔽日，长安不见使人愁。

待李白再度北上幽州南返后，他就再也离不开长江了。

宣城、金陵、扬州、秋浦、南陵、九华山、泾县、宣城，而此时，战乱已起，李白即刻北上，本想梁园接妻后去鲁中接子女，无奈战事发展迅速，只好辗转回到宣城。经乱世，李白诗歌中充满家国情与英雄气。他在溧阳写道："我从此去钓东海，得鱼笑寄情相亲"，在杭州，他"行忧报国心"；隐居庐山，在《赠王判官时余归隐居庐山屏风叠》中表达了国家危亡之际自己无从效力的悲愤。这首诗也是李白离开鲁中的"游学总结"：

昔别黄鹤楼，蹉跎淮海秋。俱飘零落叶，各散洞庭流。

中年不相见，蹭蹬游吴越。何处我思君，天台绿萝月。

会稽风月好，却绕剡溪回。云山海上出，人物镜中来。

一度浙江北，十年醉楚台。荆门倒屈宋，梁苑倾邹枚。

苦笑我夸诞，知音安在哉。大盗割鸿沟，如风扫秋叶。

吾非济代人，且隐屏风叠。中夜天中望，忆君思见君。

明朝拂衣去，永与海鸥群。

也因此情结，李白加入永王幕府。在《永王东巡歌·其二》中，李白借谢安石来表明自己的雄心壮志：

三川北虏乱如麻，四海南奔似永嘉。

但用东山谢安石，为君谈笑静胡沙。

《其六》则如他在长安写的《姑苏台》一样写了江南，却表达了完全不同的情怀：

丹阳北固是吴关，画出楼台云水间。

千岩烽火连沧海，两岸旌旗绕碧山。

李白下了庐山到九江入永王幕府，也在九江开始了最后的长江游历。

我们家的研学旅行在到达九江之前，经过池州、安庆，遍地可见李白踪迹。我们有针对性地选择博物馆和人文、自然景点，让孩子们对"大江东流去"路线和吴文化、楚文化作了一些了解，也是对李白的人生和诗意的深层次的解读。

就自己而言，我正是从教科书上的那些诗歌开始喜欢李白的（当然他姓李、在我的祖籍地鲁中生活过也是重要原因），而且是越来越喜欢。"夫天地者，万物之逆旅也；光阴者，百代之过客也。而浮生若梦，为欢几何？"这样的文字既是对"逝者如斯夫"的内在继承，又有李白的独特表达，是对他自己自巴蜀到荆楚到齐鲁再到吴越的波澜人生的写照，也正如他在《庐山谣寄卢侍御虚舟》中所言："我本楚狂人，凤歌笑孔丘。手持绿玉杖，朝别黄鹤楼。五岳寻仙不辞远，一生好入名山游。"

李白一生都在"名山游":少年沿江东进,寻道求仙入仕途,暮年欲求东山再起却被流放,自浔阳沿江西返,如同"倒带"一般走回来处,却在入蜀节点遇赦,虽"千里江陵一日还",却再也无法回到家乡——他早已无家可回。李白在逆流而上的折返点写下《自巴东舟行经瞿塘峡登巫山最高峰晚还题壁》,诗中写道:"江行几千里,海月十五圆",想来他的心中还惦记着东方,惦记着"直挂云帆济沧海"吧。

很感慨万物造化,李白就生活在大江之上游,大国之盛唐,长江是他游历一生的起点和终点,更是贯穿生命的主线。而多年之后,后人能以这样的方式,读他,走近他。

放浪山水间——漫步东坡

历史的大江大河中是否早有如我们一样的人呢?

我在前文中说,李白在追寻谢朓的足迹。而谢朓呢,正如李白在《题东溪公幽居》中所写,"宅近青山同谢朓,门垂碧柳似陶潜"。而陶渊明呢?屈原开创了以长江文化为代表的具有浪漫主义色彩的骚体诗,使《楚辞》成为与展现黄河文化的《诗经》并列的巨作,陶渊明则继承了屈原运用自然景物借景抒情、托物言志的风骨。

长江的诗文自李白后,代有人才出。其中有很多李白的"粉丝"——有的自己也成了一代宗师,比如宋时的苏轼。

他也是沿江而下。

苏轼是另外一位我们一家都很喜欢的古代文学家。在语言文字和文学学习外，让我真正喜爱上苏轼是从一首歌曲开始的："明月几时有，把酒问青天……"我开始更多地阅读、了解和理解苏轼，自己就成了"东坡粉"。有了孩子后，我也认定苏轼是可以"推送"给孩子的了不起的中国人。

在我们家的家庭研学旅行早期常去的目的地中，杭州、徐州、扬州都有苏轼的足迹和历史遗迹。在北京，我们也常常去眉州东坡酒楼用餐，也能加深对苏轼的认知。孩子们上学后，在学习、背诵了教科书中的《惠崇春江晚景》《题西林壁》等诗词后，才正式开始了认识苏轼的过程。

苏轼评价李白："李太白、杜子美以英伟绝世之姿，凌跨百代，古今诗人尽废。然魏晋以来，高风绝尘亦少衰矣。"这样的评价，我觉得也可以用在苏轼身上。

苏轼是一个游学大家，他对生命经验深度和广度的开拓，让他的想象力永不枯竭，让他的生活激情持续。他 19 岁时与弟弟苏辙随父亲苏洵离开四川老家，直至 65 岁客死常州，一生游历了大宋朝西起家乡眉州，北至定州，南到海南岛，东渡瀛洲的半壁江山。他留给后人的苏堤继续发挥着作用，成了游人踏青寻访、谈情说爱的烂漫之路；他留给后人的"东坡肉"，成了食客们争相品尝、大快朵颐的美味佳肴……

与李白一样，有些闻名景致让苏轼诗兴大发，有些景致靠苏轼闻名。今天，我们可以沿着他的诗词地图求索，黄州的东坡雪堂、常州的东坡公园、杭州的苏公堤、徐州的快哉亭，追寻东坡的脚步……因为苏轼，我们可以一次又一次与清风明月、与山川万物进行对话。

东篱采菊，赤壁放歌，苏轼因为"乌台诗案"流放到黄州，给当时的蛮陋之地留下了当今的文化胜迹。而我们在东坡赤壁也徜徉许久,既要辨别人造的红墙与天然的赤壁,也要上上下下打量"乱石穿空,惊涛拍岸"到底在哪儿,更要细细浏览、观摩苏轼的赤壁诗文吸引来的众多文人墨客的"赤壁咏叹"和"东坡缅怀"。已经开始学习书法的女儿和我更是对着碑刻一一端详、欣赏。女儿看笔画,我则告诉她这字是谁写的,这"谁"是一个怎样的人。儿女发现了启功先生的大作,兴奋起来:他们小学的校名正是这位大家题写的。他们找到了一个"小"字,赞叹道:"跟我们小学那个'小'真的一样啊!"

胡老师带着三人爬上了栖霞楼,我没有上去,我知道真正的栖霞楼并非在此处。茅盾先生题写的"栖霞楼"挂在这"文赤壁"的最高处,我在楼下仰视,朝着儿女挥手,他们俯视着我,兴奋地挥手,而我的心思却飞走了。苏轼摆脱了死亡的威胁,以贬谪的身份来到黄州,"扁舟草履,放浪山水间,与樵渔杂处,往往为醉人所推骂,辄自喜渐不为人识"。于是有了这样一阕《卜算子》:

缺月挂疏桐,漏断人初静。谁见幽人独往来,缥缈孤鸿影。

惊起却回头,有恨无人省。拣尽寒枝不肯栖,寂寞沙洲冷。

正是在寂寞中,他接受了淡泊,接受了禅定,垦荒种地,俯仰江月,自然和生命的"原力"进入他的灵魂深处——他在黄州升华了,所以说自己在黄州最"受用",而他那时45岁,正是青年到中年的跨越期——跟当年去黄州东坡"会"他的我同龄。黄州给了他"东坡"的字号流传至今,黄州让苏轼跨过了"年轻气盛"的门槛。而我选了"不厌"为斋名,既是表达对古代文学家的喜爱,也是希望自己在关键时期,能顶得住。

孩子们从栖霞楼下来,我也神游回来,与他们聊一聊这里为什么叫"文赤壁",苏东坡为什么会错把此地当作三国古战场赤壁。听完我的介绍,胡老师又带着孩子去品读苏东坡在此地写的《赤壁赋》及《赤壁怀古》,而我继续与思想深处的那个"我"神聊⋯⋯

离开东坡赤壁,在自驾前往"武赤壁"的路上,我们延续着对东坡精神的喜爱和学习。我先讲了一通《赤壁怀古》,再一起听了名家朗诵版,然后大家玩《赤壁怀古》接龙,谁记住哪句就接哪句。接了几遍后,孩子们就能争先恐后背诵出来。最后,我们乘胜追击,又来了个《赤壁怀古》诗朗诵大会,爸爸演绎了老学究版,妈妈演绎了播音员版,哥哥表演了小品版,妹妹表演了可爱版,谈笑间,一首词搞定!

苏轼不仅诗词写得好,还是"唐宋八大家"之一,文赋精通。统编版语文教科书中选了苏轼的十多篇诗词文赋如下:

小学有6首诗词,包括《赠刘景文》《饮湖上初晴后雨》《惠崇春江晚景》《题西林壁》《六月二十七日望湖楼醉书》和《浣溪沙(山下兰芽短浸溪)》;初中有《记承天寺夜游》《卜算子·黄州定慧院寓居作》《水调歌头(明月几时有)》《江城子·密州出猎》《定风波(莫听穿林打叶声)》;高中则有《念奴娇·赤壁怀古》《赤壁赋》《江城子·乙卯正月二十日记梦》《石钟山记》等。

由长江,由李白、苏轼,我们从文化的横断面和纵切线出发,领略了古典诗词的核心部分,领略了中国文人的胸襟和情怀,这浪漫的起点给了孩子们精确的感受,给了孩子们综合的领悟。

好一堂诗词欣赏课,好一曲长江之歌!

附

妈妈的研学日记：闲花落地诗意来

第一次去苏州是在暑假，天气闷热，除了太湖边的凉风，没有多少好印象。再去苏州，同样的季节，住在古老的街巷中，一切都变了。

晚上，人还未睡着时，外面一阵风吹过，淅淅沥沥地就落起雨来，带走了八月的暑气。清晨起来，"细雨湿衣看不见，闲花落地听无声"。踏过小巷，看到苏州公园空地踢腿甩胳膊的阿公阿婆，听到自行车后轮窸窸窣窣的甩水声，听到早点铺碗筷相交的啪嗒声……虽是夏天，我却想到了"小楼一夜听春雨，深巷明朝卖杏花"这样的诗句。

景物、时节与心境其实都是不同的，但其中传达的意思我却有所领悟。那种欣喜和安平可以是海风，也可以是春雨，涤荡出的人间况味同样美好而静谧。

一只不知要去哪里的客船，一阵月夜深处乌鸦的啼叫，一盏映衬江边枫树的渔火——一位能看到、能听到这些的旅人，那才真是寂寥啊。换成张继的诗就是："月落乌啼霜满天，江枫渔火对愁眠。姑苏城外寒山寺，夜半钟声到客船。"这样的景物与人情也只有在苏州才能入画吧？

在苏州，走街串巷，一不小心就会走进那些古代文化人修身养性、归隐于市的古典园林之中。"唯有别时今不忘，暮烟秋雨过枫桥"，在苏州，无论如何要去一趟平江路。这是一条沿河的路，两侧的横街窄巷众多,保留了近千年河路平行的格局、肌理和长度,小桥流水、白墙黑瓦,一副江南水城的模样。杜荀鹤《送人游吴》中这样写道:

君到姑苏见,人家尽枕河。
古宫闲地少,水巷小桥多。

爸爸的研学日记:客舍青青柳色新

车过江南,虽正月初,油菜花已开,柳叶儿抽绿……孩子们顺势说出"泥融飞燕子,沙暖睡鸳鸯",而我却冒出一句:"客舍青青柳色新",忘了下一句是什么。这句诗总是在脑海中徜徉,这次是因为住宿的环境——这个得感谢胡老师选定的房间——先进入一个院落,刚开业不久的宾馆,前前后后种满了绿植,柳树开始抽绿,虽然并非当年的客舍,却有着同样的感受。

孩子们倒是敏捷,先是妹妹笑嘻嘻地接了下去:"劝君更尽一杯酒。"

我愣了一下:"咦,怎么是这一句?"

"爸爸,你说的是第二句。"儿子也不甘示弱,接着妹妹的说,"西出阳关无故人。"胡老师也笑呵呵地接下去:"渭城朝雨浥轻尘。"然后,两个孩子齐声按照学校里背诵诗歌的语调说:"《送元二使安西》,唐,王维。"原来,我触景生情的是王维的一首边塞诗啊。但我知道,我们这番自驾游学,对于宾馆的渴望和宾馆环境的期待也如同王维吧。

这样的旅人感受要比元二将要在安西路上的感受宁静多了吧?更

何况，这宁静中还有家庭，有儿女带来的幸福。

二、三国研学

三国研学资源丰富

在四大古典名著中，《西游记》属于神怪小说，"文史地艺哲不分家"的话，也有作者故里、花果山水帘洞、长安、大雁塔等实地可以研学，但是资源最少。依托一定的历史背景书写的《水浒传》《红楼梦》就比《西游记》略微多一些研学地点，但是与历史关联度最高，甚至常被误以为是"真实"的《三国演义》相比，还是稍逊一筹。所以，我认为《三国演义》是资源丰富、容易拓展延伸的阅读素材，以此入手可以帮助孩子进入文学、历史的殿堂，并对传统文化、民风民俗、语言文学的入门、了解和熟悉大有好处。而且，对十多岁的儿童而言，《三国演义》体现了崇拜英雄人物的审美，歌颂了战争中英雄的力量与勇气，还能带来"英雄崇拜"的体验，也有额外的益处。

我们家的三国路线研学旅行规划有3次，但绝不仅仅局限于《三国演义》，而是以三国为核心资源整合的、综合的游学，正好也对应了魏蜀吴三国：

第一次是"长江下游+长江诗词之旅一"路线，主题是"吴宫花草埋幽径——初识吴越文化"，研学重点是苏浙一带的吴越人文。具体路线是南通—镇江—南京—苏州—无锡—合肥—马鞍山—黄山—九江。

第二次是"长江中游+长江诗词之旅二"路线，主题是"樯橹灰飞烟灭——三国的战场",研学重点是赤壁大战前后的力量对比,以及三国鼎立局势形成中重要的三顾茅庐、长坂坡、战荆州等事件。具体的路线是合肥—安庆—天柱山—黄州—赤壁—荆州—襄阳—南阳—许昌。这次以荆州和赤壁为两大核心节点,以魏国兴亡为面,以假想的"如果荆州不丢失是否可以自荆州兵发许都"为思考线。

第三次是从西安穿越秦岭的"蜀国行——草堂深深埋忠骨",在回程的时候也与"长江上游+长江诗词之旅三"的路线相结合。自北京出发至西安,然后是宝鸡(陈仓)—汉中—广元—成都—眉山—乐山—重庆—万州—巫山—宜昌—随州。

以上三条线涵盖了三国文化的主要内容,也可以与长江、古诗词、历史文化名城等路线紧密结合,深具吴越、中原、巴蜀等区域文化研学价值;还可以结合其他的历史文化主题,以及与我们家人各有兴趣的李白、苏轼、诸葛亮等相关的游学点,加以扩展。

就三国文化来说,我们四人对于其中的人物、历史、遗存等显露出各自不同的爱好。儿子喜欢曹操,女儿喜欢诸葛亮。这两位我都比较喜欢,喜欢曹操是因为读《三国演义》越多,越了解此人的雄才大略;我对诸葛亮的推崇由来已久,从小时候听到的故事、评书,以及中学学到的《出师表》开始,逐渐积累起来。他的躬耕是道家风范,但他的志向是"淡泊以明志,宁静以致远",需要等待明主,而非隐居山林,不问天下事。这种积极入世是历代知识分子的主流思想。《三国演义》从正面刻画了诸葛亮的足智多谋,在他身上,凝结着世世代代民众在生活和斗争中积累起来的经验和智慧,他是人民大众的智慧象征和偶像。

女儿在幼儿时期"陪着"哥哥听了《三国演义》的音频故事,

早早就会念叨"徐庶进曹营——一言不发""三个臭皮匠——赛过诸葛亮"等歇后语。但因为不理解,这些成了"不懂"的已知信息,后来碰到相应的语境,就会调用出来。二年级时,有一天她忽然对我说:"我终于知道您说的歇后语是什么意思了。"这也给了我们一个启示,可以专门积累与三国有关的歇后语。比如女儿所关心的与诸葛亮有关的内容:诸葛亮弹琴——计上心来;诸葛亮放孟获——欲擒故纵;诸葛亮战群儒——全凭一张嘴;诸葛亮借东风——将计就计;诸葛亮焚香操琴——故弄玄虚;诸葛亮用空城计——不得已;诸葛亮挥泪斩马谡——顾全大局;刘备三请诸葛亮——诚心诚意;诸葛亮三气周瑜——略施小计;诸葛亮的锦囊——用不完的计;曹操诸葛亮——脾气不一样……

儿子自然要了解关于曹操的歇后语,比如:曹操下江南——来得凶,败得惨;曹操做事——疑心重;曹操做事——干干净净;曹操战宛城——大败而逃;曹操败走华容道——不出所料;曹操吃鸡肋——食之无味,弃之可惜;曹操张飞打哑谜——你猜你的,我猜我的;曹操杀吕布——悔之莫及;曹操杀华佗——讳疾忌医;曹操杀吕伯奢——将错就错;曹操杀蔡瑁——上当受骗;曹操杀人——乱来一气……

其他有趣的三国歇后语还包括:关公门前耍大刀——自不量力;张飞穿针——粗中有细;刘备摔阿斗——收买人心;周瑜打黄盖——一个愿打一个愿挨……

有关三国主题的成语故事也真的不少,大家耳熟能详的有桃园三结义、初出茅庐、空城计、舌战群儒、身在曹营心在汉、过五关斩六将、赔了夫人又折兵、锦囊妙计、赤膊上阵、草船借箭、单刀赴会、说曹操曹操到、望梅止渴、乐不思蜀、鞠躬尽瘁、吴下阿蒙等。我们在研学前作些准备,在旅行中就可以随时随地讲一讲。

在日常生活中,我们经常说各种俗语,对于孩子的语言交际和表达能力也很有帮助。女儿在相声兴趣班中学习的传统段子《八扇屏》当中就有一段与三国内容有关的《莽撞人》,女儿学习起来又快速又有激情。顺带着我和儿子也都能说出这一长段贯口了:

想当初,后汉三国,有一位莽撞人。自从桃园三结义以来,大爷姓刘名备字玄德,家住大树楼桑;二弟姓关名羽字云长,家住山西蒲州解梁县;三弟姓张名飞字翼德,家住涿州范阳郡;后续四弟,姓赵名云字子龙,家住真定府常山县,百战百胜,后称为常胜将军。

只皆因,长坂坡前,一场鏖战,那赵云,单枪匹马,闯入曹营,砍倒大纛两杆,夺槊三条,马落陷坑,堪堪废命。曹孟德在山头之上见一穿白小将,白盔白甲白旗号,坐骑白龙马,手使亮银枪,实乃一员勇将。心想:"我若收服此将,何愁大事不成!"心中就有爱将之意。暗中有徐庶保护赵云,徐庶进得曹营,一语未发。今日一见赵将军马落陷坑,堪堪废命,口尊:"丞相莫非有爱将之意?"曹操言道:"正是。"徐庶言道:"何不收留此将!"曹操闻听急忙传令:"令出山摇动,三军听分明,我要活赵云,不要死子龙。倘有一兵一将伤损赵将军之性命!八十三万人马,五十一员战将,与他一人抵命。"众将闻听,不敢上进,只有后退。那赵云,一仗怀揣幼主,二仗常胜将军之特勇,杀了个七进七出,这才闯出重围。

曹操一见,这样勇将,焉能放走?在后面紧紧追赶!追至当阳桥前,张飞赶到,高叫:"四弟不必惊慌,某家在此,料也无妨!"让过赵云的人马。曹操赶到,不见赵云,只见一黑脸大汉,立于桥上。曹操忙问夏侯惇："这黑脸大汉，他是何人？"夏侯惇言道："他乃张飞，一'莽撞人'。"曹操闻听，呀！大吃一惊："想当初关公在白马坡斩颜良之时，曾对某家言道：他有一结拜三弟，姓张名飞字翼德，在百万军中，能取上将之首级，如探囊取物、反掌观纹一般。今日一见，果然英勇。撤去某家青罗伞盖，观一观（那）莽撞人的武艺如何。"

青罗伞盖撤下，只见张飞：豹头环眼，面如润铁，黑中透亮，亮中透黑，颏下扎里扎煞一部黑钢髯，犹如钢针，恰似铁线。头戴镔铁盔，二龙斗宝，朱缨飘洒，上嵌八宝——云、罗、伞、盖、花、罐、鱼、长。身披锁子大叶连环甲，内衬皂罗袍，足蹬虎头战靴，跨下马——万里烟云兽，手使丈八蛇矛，站在桥头之上，咬牙切齿，捶胸愤恨，大骂："曹操听真，呔！现有你家张三爷在此，尔或攻或战，或进或退，或争或斗；不攻不战，不进不退，不争不斗，尔乃匹夫之辈！"大喊一声，曹兵吓退；大喊二声，顺水横流；大喊三声，把当阳桥喝断。后人有诗赞之曰："长坂坡前救赵云，吓退曹操百万军，姓张名飞字翼德，万古流芳莽撞人！"

这一大段罗列于此，是希望给小读者一个"读本"，试试一口气能"说"到哪里。《八扇屏》中的其他几段，比如《忠厚人》《气死人》也都与三国有关。家长可以和孩子一起学，一起说，一起表演，说不定就帮助孩子练成了一段"脱口秀"呢。

《三国演义》一共描写了一千多人，家长可以引导孩子了解其中个性不同的武将、谋士，关注人物的性格、命运。如果有明显的人物喜爱倾向，我们建议运用"爱屋及乌"的教育小策略，多给孩子提供相关的资源，去相关的地方研学。

孙吴行——吴宫花草埋幽径

在三国研学路线的"孙吴行"中,我们先去了镇江。镇江古称京口,《三国演义》里谓之南徐。因一座北固山、一座甘露寺、一段孙刘联姻的故事,千百年来,无数文人墨客登临北固,俯瞰大江东去,即景抒情,壮怀激烈,留下众多气吞山河的壮丽诗篇。

在这里,那"千古江山,英雄无觅,孙仲谋处"的慨叹,那"舞榭歌台,风流总被雨打风吹去"的伤感,那"可堪回首,佛狸祠下,一片神鸦社鼓"的无奈,无不令人唏嘘、叹惋。

镇江北固山试剑石

在这里,一块石头就将历史推到一千多年前的荆州了:

玄德更衣出殿前,见庭下有一石块。玄德拔从者所佩之剑,仰天祝曰:"若刘备能勾回荆州,成王霸之业,一剑挥石为两段。如死于此地,剑剁石不开。"言讫,手起剑落,火光迸溅,砍石为两段。孙权在后面看见,问曰:"玄德公如何恨此石?"玄德曰:"备年近五旬,不能为国家剿除贼党,心常自恨。今蒙国太招为女婿,此平生之际遇也。恰才问天买卦，如破曹兴汉，砍断此石。今果然如此。"权暗思："刘备莫非用此言瞒我？"亦掣剑谓玄德曰："吾亦问天买卦。若破得曹贼，亦断此石。"却暗暗祝告曰："若再取得荆州，兴旺东吴，砍石为两半！"手起剑落，巨石亦开。至今有十字纹"恨石"尚存。后人观此胜迹，作诗赞曰："宝剑落时山石断，金环响处火光生。两朝旺气皆天数，从此乾坤鼎足成。"

这是《三国演义》第五十四回中的内容。北固山的试剑石，不仅试出了孙、刘的不同性格，也"试"出了荆州的"坎坷"。

在北固山的山道上走几步，可见太史慈墓。这位勇将是我小时候看《三国演义》连环画时最喜欢的武将。相隔不远处，还有三国里的"忠厚人"鲁肃之墓。太史慈和鲁肃的墓虽不奢华，但一想到他们主公孙权的墓如今竟无踪迹可寻，相比较之下，他们其实已经是很幸运了。

真正幸运的还是山下滚滚东流的长江水。"青山遮不住，毕竟东流去。"

离开镇江，我们来到了古都南京。

我在南京上大学的时候，常常溜出南师大后门，在坡上、山头转悠。那个坡也与诸葛亮有关系，我们一家人来到这里的时候，我的青年往事也成了历史，我把它连带着三国故事一同讲给孩子们听——

相传三国时，诸葛亮在赤壁之战前夕出使东吴，与孙权共商破曹大计。诸葛亮途经秣陵时，特地骑马到石头山观察山川形势。他看到以钟山为首的群山，像苍龙一般蜿蜒蟠伏于东南，而以石头山为终点的西部诸山，又像猛虎似的雄踞在大江之滨，于是发出了"钟山龙蟠，石头虎踞，真乃帝王之宅也"的赞叹，并向孙权建议迁治秣陵。

孙权后来果然将治所迁到秣陵，并改称为建业，在清凉山后秦淮江畔原有城基上修建了石头城。229 年，孙权称帝于武昌，旋即迁都建业，由此揭开了南京建都史的第一页。南京的建造源自石头城，最初的孙吴宫殿也修筑于此。

252 年，孙权在死后葬于钟山南麓的高岗上，葬处得名"孙陵岗"，后人又称"吴王坟"。20 世纪 40 年代，孙陵岗改叫梅花山——现在成了全国有名的赏梅之处。可是吴主孙权的墓室却遍寻不得，唯有梅花香。

"年少万兜鍪，坐断东南战未休。天下英雄谁敌手？曹刘。生子当如孙仲谋。"

南京玄武湖也与三国孙吴关系密切。

玄武湖古称桑泊，原来是一块因断层作用而形成的沼泽湿地，湖水来自钟山北麓。孙权引水入宫苑后湖，玄武湖才初具湖泊的形态，并成为东吴训练水兵的地方。

被人熟知的乌衣巷却与军人大有关系。

乌衣巷在南京秦淮河南岸，三国时是吴国守卫石头城的部队营房所在地。当时军士都穿着黑色制服，故以"乌衣"为巷名。后来没了军人，文人就来了。李白、崔颢、刘禹锡、杜牧、李商隐、韦庄、王安石、周邦彦、朱敦儒……他们都是来怀古的，而且不仅仅是来乌衣巷怀古的。一不小心，"金陵怀古"就不单单是一个简单的文人话题，而成了中国读书人的一个专门的"课题"，成了一种特有的"课程体系"，文学史、文化史都为它留出了一席之地。

李白来到金陵，他说："吴宫花草埋幽径，晋代衣冠成古丘。"

我们也来到金陵，儿子说："吴国好像没什么个性。"啊，吴国居然成了一个人，一个没有个性的人？！哪里有离愁之悲？

真是少年不知愁滋味啊！

赤壁行——大江东去

离了南京，沿长江逆流而上，必过安徽。曹操、周瑜都是安徽人，曹操的家乡在淮河流域的沛国谯县（今安徽亳州），周瑜的家乡是长江北不远的庐江舒县（今安徽庐江西南）。

如果说诸葛亮是蜀国的代表人物，那对应的吴国的代表人物当然就是周瑜了。

唐宋以来，世人对周瑜的评价都是很高的。到了南宋，由于南宋本身就是偏安半壁，与蜀汉非常相像，于是刘备的地位越来越高。作为刘备的"对手"，曹操首先被贴上了白脸。而曾经想软禁刘备的周瑜，自然也免不了被打压。好在有一件事，有一个地方，让孙吴周都督、皖人周公瑾名留青史——赤壁之战。

文赤壁和石字葬

来到位于湖北黄冈的文赤壁，沿着石壁走上去，有二赋堂、东坡祠、栖霞楼、酹江亭等七八个亭台楼阁，一个挨着一个建在山坡上，显得比较拥挤，像江南园林那样。其中的题匾字帖碑刻蔚为大观，再加上公园内两个碑廊里那些碑刻，可见文赤壁被许多人喜爱膜拜。

我们发现僻静处有一个六层的石垒小塔，叫石字葬。古时文风盛行的地方，字纸是不能随便处理的，有专人收集，每天日落时放入石字葬内焚烧掉，表示敬惜的意思。

在留仙阁的门口，有一块石碑，是苏轼手书的"乳母任氏墓志"，文字情深意切，可见他和乳母感情至深。这位任氏侍奉苏轼一门三代，"工巧勤俭，至老不衰"，见证了苏轼的升迁贬谪，72岁时卒于黄州。她也是《笑林广记》中一个笑话的人物原型：有一家人很穷，没钱买菜吃，于是每顿饭吊一条咸鱼在饭桌上，让孩子们看一眼咸鱼吃一口饭。哥哥多看了一眼，被弟弟告发，父亲说："让他看去，咸死他。"这位父亲的原型就是任氏，哥哥和弟弟的原型就是苏轼之子苏迨和苏过。当时苏轼被贬黄州，穷到揭不开锅的地步，"望咸鱼"就是乳母任氏陪着苏轼笑对贫穷、苦中作乐的一种方式。苏轼在铭中写道："生有以养之，不必其子也。死有以葬之，不必其里也。我祭其从与享之，其魂气无不之也。"

睡仙亭位于石壁边上，传说当年苏轼游赤壁时醉卧于此，可惜此时立此远眺，再也看不到浩荡长江，除了脚下的一方池塘，远处就是高楼。在这小池塘里，也无从泛舟了，如果说"清风徐来，水波不兴"还可以勉强体会的话，那"山高月小，水落石出"就真的只能靠想象了。

文赤壁水面

回到半山腰的停车场，我们请教路人脚下的山路通向何处，得到的答案让我们很惊喜：往山顶走就能到当年苏轼自行搭建躬耕之所。因为此处位于黄州东坡，建成那天又适逢下雪，所以苏轼将其命名为"东坡雪堂"，而苏轼也是在此为自己取了那个流传后世的号——东坡居士。

与文赤壁相比，湖北赤壁的武赤壁看起来不那么细腻，完全像一个布景。事实上，这里确实是影视剧的拍摄基地。除了江月依旧，摩崖石刻依旧，其他大都是现代景观。

我们沿途未作停留，直接上到坡顶，看到周瑜高大的雕像。周瑜的身后就是古战场的"镇场之宝"——摩崖石刻了。传说是周瑜所刻,实为唐人作品,到今天也有一千三四百年了。

我们下到江边,近距离地观摩这两个红色大字。此时雨仍未停,雾锁横江,还有微微浊浪,传说周瑜在大战胜利后用利剑书写于石壁之上的"赤壁"二字仍能清晰地映入眼帘,颜色鲜红,火烧一般。在二字的上面还有一个"鸾"字,传说是吕洞宾刻上去的,因赤壁一战,曹军死伤无数,江中冤魂太多,故书此字"镇一镇"。

后来,雨下大了,我们在周瑜雕像旁的游廊中躲了一会儿,看阳光和雨丝笼罩着英姿勃发的周瑜。

江对岸,就是当年曹公驻军的乌林镇。站于此处,看着滚滚东去的长江水,想着建安十三年(208)的那场惊世之战,惊涛拍岸,已付笑谈之中了。

武赤壁还有一个赤壁塔,我和孩子们登上去看了看,墙壁上有一些三国主题的诗画,其中有杜牧的那首《赤壁》:"折戟沉沙铁未销,自将磨洗认前朝。东风不与周郎便,铜雀春深锁二乔。"我在文赤壁的酹江亭休息时听人介绍,正是因为杜牧在黄州的时候写过这首《赤壁》,才引得黄州人"敢于想象"自己这里是赤壁古战场,也影响了后世的苏轼。这次在武赤壁"遇见"这首诗,就又读了一遍。回到车上,我们很快把这首诗"拿下"了。我还趁热打铁,讲了讲诗里的故事:借东风、大乔小乔、铜雀宫……还说到了诗里对历史的议论和想象——假如借不到东风,二乔就要被抓到曹魏的铜雀宫了。

我们再次聊到文武赤壁的真假问题,借用清人朱日濬的诗句"赤壁何须问出处?东坡本是借山川。古来胜迹原无限,不遇人才亦杳然"作为结论:何须纠结赤壁的真实与否,苏轼本来就是借题抒怀,归根结底,要是没有周郎、孔明那样的豪杰衬托,名山大川也只能默默无闻。

我们在游览途中和孩子一起回顾了赤壁大战之前的各种准备,那真是步步为营、巧计连环——我们只是基于《三国演义》而非史实。孩子有了直观的感受后,讨论起来别有心得。比如,女儿说战争要从舌战群儒开始,儿子说要从群英会开始……

赤壁之战后,曹操就要败走"华容道"了,我们也趁夜色沿着江边"逃离"赤壁。大致记得经过黄盖湖,还有一个叫"小黄"的地方。天黑乎乎的,间或下雨,一直有雾,汽车大灯也照不了多远的路,一路上穿村走镇,更多的是荒野芦苇中的小路。大家伙都紧张起来——真有点儿曹操兵败逃走的感觉。等出了小路,已到了岳阳云溪附近,大家悬着的心才放下来。仔细看看地图,原来我们一直在湖边沼泽里绕路而行。

没多久,我们上了高速,很快就到了荆州。荆州是三国中最重要的地点之一,很多的军政民大事都发生在这里。

曹魏行——不能不去荆州、许昌

荆州是令每个熟读《三国演义》的人都会激动的一个地方。

在这里,乱世英豪粉墨登场,演绎了"刘备借荆州""关公守荆州""吕蒙袭荆州""大意失荆州"等脍炙人口的故事。荆州确实是三国最重要的城池之一:曹操夺取了荆州,却在赤壁兵败;刘备占领了荆州,入川成就帝业;孙权攻占了荆州,吴蜀最终反目。

"欲闻三国事,每欲到荆州。"倘若真能回到三国时期,荆州城便是那个穿越历史的入口，因为这里承载了丰富的历史文化内涵。

荆州建城历史悠久，是楚文化的发祥地和三国文化的中心。自公元前 689 年，楚文王建都于郢（现有纪南城遗址）起，它作为都城长达 411 年，创造了内可与黄河流域中原文化相辉映、外可与同时期古希腊雅典文化相媲美的楚文化——这一点可以从荆州博物馆丰富的馆藏文物中了解到，这里展出的文物覆盖了楚文化的方方面面。都说"荆楚文化"，来湖北没到过荆州还真是个遗憾。

李白"千里江陵一日还"中的江陵被认为就是荆州。历史上，"荆州"有汉荆州、魏荆州、吴荆州。在三国前期，东汉设置的荆州就是"汉荆州"。东汉的荆州包括南阳郡、南郡、武陵郡、江夏郡等，治所在襄阳。《三国演义》前四十回提到的荆州，通常是指以襄阳为中心的荆州，有的就是指襄阳。如第三十六回写道："亮从其叔玄。玄与荆州刘景升有旧，因往依之，遂家于襄阳。"荆州刘景升就是荆州刺史刘表。诸葛亮的叔叔诸葛玄因为与刘表有交情，所以随刘表迁居到襄阳。因此，《三国演义》中前四十回提到的荆州是今天的襄阳，而非今天的荆州。

赤壁大战后，汉荆州被一分为二，魏设荆州，治所在南阳，吴设荆州，治所在江陵。魏荆州与吴荆州形成南北对峙的局面。荆州的地理方位、经济地位，对三国都有重要的价值，得之可北接中原，东面顺江而下直抵孙吴石头城，西南可制巴蜀。因而，荆州才成为三国重要的战场。

看荆州必须看古城墙，有了城墙才算是有荆州城。荆州城被完整地包围在古城墙里，城墙开了 9 座城门（6 座老城门、3 座新门），有 2 座门楼。古城分为 3 层，外面是水城（护城河），中间是砖城，里面是土城。从三国时代起，荆州古城墙没有发生过大的变迁，移位距离仅在 50 米左右范围内。所以，站在城墙上，风景是其次，让你觉得品味不尽的是那厚重的历史。

在荆州城墙上，你能想到哪些人物呢？是周公瑾，还是曹子孝？是吕子明，还是陆伯言？一定会想到关云长吧。

我们走在城墙下，猛抬眼看到一尊高大的关羽像，比我们看过的十多座关羽像都要大。我们从塑像背面的说明知道这里是"三陵合一"——"三大关庙"山西解州关帝庙、河南洛阳关林、湖北当阳关陵都送了一些泥土到这里。庙内能看到刘关张三人的"合影"，哥仨都是喜笑颜开的样子，没有了关帝的威严，也没有了结义时的严肃。或许是因为得到了荆州，三兄弟心情愉快，这时也成了他们最感荣耀的时刻。

历代咏怀荆州的诗篇很多，我比较喜欢苏轼的《荆州》组诗，下面一首尤甚：

游人出三峡，楚地尽平川。北客随南贾，吴樯间蜀船。

江侵平野断，风卷白沙旋。欲问兴亡意，重城自古坚。

郭沫若曾言："闻听三国事，每欲到许昌。"要我说，"闻听曹魏事，一定到许昌"。

许昌作为三国时期曹魏政权的政治、经济、文化中心，这里现存三国遗迹、遗址 80 多处。河南省列入三国名胜古迹的景点有 20 个，许昌就占了 14 个。三国文化成为许昌最具代表性的历史文化；"三国名城""曹魏故都"已经成为许昌最独特的文化名片。

来到了许昌，我们一家人有不一样的感受。我在感情上似乎仍然以蜀汉为正统，而孩子们都知道，历史"正史"的延续是曹魏。许昌正是曹魏的都城，也是三国归晋之都城，处处有故事。其中，灞陵桥头发生的故事极为重要。《三国演义》中，关羽不辞而别，曹操带人追至灞陵桥畔，赠袍送金，为其饯行。对关羽来说，灞陵桥是个起点，由此开始，他千里走单骑，过五关斩六将，水淹七军，一步步走向人生的辉煌，也走向身后的神坛。对曹操来说，与关羽再见之时，靠着这份情谊，在华容道上保住了曹魏的星星之火，才有三国鼎立局面的形成。而这一切在灞陵桥埋下了伏笔。

灞陵桥公园的门匾上写着"关公辞曹处"五个大字。走过灞陵桥，就来到了许昌关帝庙。有意思的是，这座关帝庙内曹操和关羽共享香火，形成了"天下关庙都贬曹，许昌关庙独奉曹"的独特现象。

作为曹魏早期的政治中心，许昌建有规制庞大的曹丞相府。这个相府是以正史为蓝本。如果孩子是曹魏的"粉丝"，许昌值得一来。

蜀汉行——逆行入蜀

我们第三次的"三国游"是以成都为中心的蜀汉文化游。从北京出发，经过涿州、解州、西安、陈仓、天水、汉中、广元、阆中、南充、成都——其中有一段是诸葛亮"出祁山"的反向征途。回程又结合了"长江诗词之旅"的一段：宜宾、泸州、重庆、万州、白帝城、巫山、宜昌。

说到三国，不得不说起《三国志》，不能不去四川南充。现在关于三国的故事、传说，都源自陈寿写的《三国志》，南充万卷楼正是《三国志》诞生的地方。

德阳罗江庞统祠和江油青莲镇也是这条路线上重要的目的地。庞统墓和庞统祠堂所在的罗江距离成都不远，景区里还有一段古栈道——传说中的"落凤坡"。这段古栈道，就是秦入蜀的最后一段，也属于"难于上青天"的"蜀道"的一部分。而去青莲镇就是为了一个人——李白。李白自号为"青莲居士"，可见青莲这个地方对他的影响之大。

其他的三国景点如正定子龙庙、涿州楼桑庙村刘备故里、张飞故里忠义店、邺城铜雀三台遗址、虎牢关三英战吕布、洛阳关林、亳州曹操运兵地道、东阿曹植墓、沂南诸葛故里、当阳长坂坡……都可以在其他的路线中见缝插针地补上——这个方法特别值得推荐。

从镇江到罗江，长江万里奔流。遥想那场战争，千帆竞发，艨艟相撞，鼓角争鸣，刀光剑影，烈火烧红大江两岸，那场面该是何等气势，何等悲壮。然而此时的长江，波涛不兴，好像自古以来这里就是如此，什么故事也没有发生过，真是应了那句："滚滚长江东逝水，浪花淘尽英雄。是非成败转头空，青山依旧在，几度夕阳红。"

莎士比亚在《皆大欢喜》中说："整个世界是一个舞台，所有的男女不过是这舞台上的演员，他们各有自己的活动场所，一个人在其一生中要扮演很多的角色。"风云变幻的三国也是一个巨大的舞台，魏蜀吴能人志士的和平与战争、忠与义、名与利、输与赢，均是过眼云烟而已，成了演义，成了剧目——他们本身就是历史的演员，他们精彩的演出，都成了任人评说的故事。

历史上多少风流人物，犹如这不尽长江中的沙石。

人，只是匆匆过客而已，江边赤壁犹在。

附

哥哥的研学日记：我喜欢文赤壁

在我去过的三国遗存中，赤壁算是最为响当当的一个，因三国时那场著名的战役而名垂千秋。但是发生过高级别的、备受瞩目的赤壁大战的战场在什么地方却有争议。我们一天之内沿着长江，从文赤壁所在的黄州来到了武赤壁所在的蒲圻——这座城市后来干脆改名为赤壁市，算是搞清了。民间有说法，黄州是文赤壁，蒲圻是武赤壁。后者一定指的是军事上的"赤壁大战"，而文赤壁一定与苏东坡的"大江东去"有关。

文赤壁本为黄州赤壁山麓的赤鼻矶，而今的赤鼻矶早已不和长江相连，只在石壁之下保留了一个不大的湖泊，以此为基础建了一个小公园。

赤鼻矶倒确实是赤色的岩石，我和妹妹还捡拾了两小粒赤色的石子——我们家有一个鱼缸，里面放了不少我在各地捡来的石子。拾级而上，第一道小门处一副对联有点意思："客到黄州或从夏口西来武昌东去，天生赤壁不过周郎一炬苏子两游。"我觉得这对联就是在混淆赤壁到底在黄州，还是在蒲圻。

武赤壁用一阵突然而来的太阳雨迎接我们。躲雨的时候，我盯着周瑜的石像看，仿佛看到他在摇头叹息。我想肯定不是为当时没有雨而叹息，也不是为没有打胜仗而摇头，他在感慨"既生瑜何生亮"吧……

雨停了，我们下到江边，抬眼望石壁上的"赤壁"大字，听到江水拍岸，嗯，这才是"惊涛拍岸，卷起千堆雪"啊。

尽管如此，我还是喜欢文赤壁。

妹妹的研学日记：诸葛亮一定能借到东风

在赤壁躲雨的时候，老爸又把我和哥哥当成了学生，现场上起课来。这场景我很熟，我从小就听爸爸跟哥哥说这个说那个的，虽然听不懂，可我愿意听。现在，我也是小学生了，我也喜欢听历史故事，听了好多遍"小鲁讲历史"，能听"老爸讲历史"也很好啊。

老爸主要说"赤壁大战发生过没有"这个话题。

大概记得老爸说的是：这里的长江是从西南流向东北，吴国周瑜的领地在东南，魏国曹操的领地在西北。曹操的战船连在一起还未出发，就不是到"江东"。赤壁大战的"火烧战船"是曹操的战船在燃烧，人为的火源是黄盖从江东带过去的，哪里能烧回到江东赤壁来？相反，如果是曹操进攻，而且是火攻，周瑜在此防守，这里才可以算是"火烧赤壁"。

可这样一来，又与"诸葛亮借东风"的故事对不上了。那可不行，我喜欢的诸葛亮一定要去借东风的，一定能借到东风的。

爸爸的研学日记："果真是雄姿英发"

在从文赤壁开车驰往武赤壁的路上，我们又玩起了"快速诵读"游戏。两个孩子都是在过了4岁后，开始对文字、文本有了兴趣，研学路上的小小车厢就成了游戏厅——我们一起发明了一些与文字、文本有关的口头表达游戏。

在他们还小的时候，我们就看来来往往的汽车上的文字，车牌上的省市区简称，工程车、运输车上的各种标志；他们开始识字了，我们就用交通指示牌上的汉字来编"文字谜语"——从最简单的开始，比如走在京津塘高速上时，我们会编"太阳照在首都上面（景）""唐城的土很多（塘）"这样看起来傻乎乎、没有"谜德"的谜语，但是孩子们兴趣很大，也很快就学会了用拆字法、加减法、组合法等来编出更傻乎乎的文字谜语——这也是一种"联策略"的运用，这些文字都与正在吃的食物、外面的路牌、经过的地点等"已知信息"相关。

等女儿也上了小学，我们就开始玩"快速诵读"游戏，常常是"联"到研学中的事物，先找出有关联的诗词，大家再说明解释一番。

刚离开文赤壁，少不了要背诵苏轼的《念奴娇·赤壁怀古》。刚走过"故国神游"了一番，我们的兴趣和关注点都还在，胡老师和我又乘机讲了一遍。我讲的时候会"瞎说"，增加点故事性，加深孩子们对人物的了解。等到车过咸宁，孩子们基本上都可以背诵了。还别说，我当年背诵的底子在，再加上后来的综合阅读能力，特别是"联策略"的运用，以及一直以来保有的文史地的兴趣，这次把其中记不住的几句彻底背下来了，记得更牢靠了。

我们到赤壁的时候，仿佛要配合感怀历史的情绪，天下起了大雨。

因为有雨，走进大门后的参观路线就没了章法。较为顺路的走法可以先游金鸾山。鸾者，凤也，此山是为纪念庞凤雏而作。其实，正史中的赤壁之战与庞统没有什么关系，但这里不是开发成"基地"了吗，各种要素都得齐备，于是山上就有了凤雏庵、庞统井、读书亭等景点。

可我们却不知怎的，一下子就到了南屏山，那是诸葛祭风的地方。随后来到了赤壁山，迎面是巨大的周瑜塑像，看到此像，儿女都脱口而出："果真是雄姿英发。"

妈妈的研学日记：好爸爸也可以做老师

我是支持一慢提出的"不做家长做学长"的观点的，但我知道他很有想法、很有知识，当过老师，又好当老师。虽说儿女的学业都归我负责了，他是说不管就真不管——其实是具体细致地直接跟学校、跟老师打交道和课外辅导等事务确实不参与了，但是整体的教育他是有想法、有措施的——也都会跟我沟通的。

可他也是个好老师，不给自己子女当老师，也不行啊。

怎么办呢？

研学就成了一慢为儿女当老师的最佳时刻。从我的观察和记录，比如抓拍的一些照片就能看出一慢的认真和重视，他其实都是提前做了很多工作的。在宝鸡博物馆看何尊，他讲得清清楚楚，我知道他早就在查资料做"小抄"。在故宫、颐和园、香山给孩子们说古代建筑，你看他准备的几十本古代建筑的书就知

道他多认真了。在殷墟、在虢国博物馆、在文武赤壁……一慢总是寻找机会，在恰当的时机为孩子们"上一课"。

三、龙的传人应知龙的故事

在中国，龙是吉祥动物，中国人以"龙的传人"自称。

为何我们成了龙的传人了呢？

《龙族故事新编：龙的传说》（李一慢文，吴洋图，河北少年儿童出版社）一书这样讲述龙的来历："在很久很久以前，伏羲和女娲孕育了最早的人。渐渐地，人越来越多，遍及四面八方。为了更好地生存，人们聚在一起生活，形成了不同的部落。那时，人觉得有些动物神秘而有力量，因此，很多部落就把动物当成了保护神。伏羲女娲的保护神是蛇，后来的黄帝、炎帝部落也崇敬蛇，以蛇为部落保护神。"

原始人分不清人与动物的界限，有时也认为某种动物是自己的祖先和保护神。一般的动物象征是单一的。氏族部落发生兼并战争，胜利者在俘虏对方之后，往往同时消灭其动物象征，新产生的部族拥有的还是单一的动物象征。中国古人体悟到了人性，舍弃了弱肉强食的观念。"龙"的形成过程就突出地表现了这种人性，这就是：为了团结、亲近那些被吞并了的氏族、部落的人，在消灭了这个氏族、部落之后，并没有完全消灭代表他们精神崇拜和文化寄托的动物象征，而是将失败者的动物象征中的一部分加在了胜利者原有的动物身上。所以"龙"的形象就是一种和合团结的象征，表现了中华民族远古祖先的一种极其宝贵的和合精神，是中华民族精神的一个源头。

农牧业发展起来后，人们的宗教信仰也得到发展，从较为单一的动物崇拜过渡到多神崇拜。龙崇拜也发展为龙神崇拜。人们把龙神化，奉龙为水神、虹神。龙被神化后，又与帝王崇拜结合在一起。秦汉时期，中国大一统，要求有一个与之相适应的大神，以整合各地、各民族的信仰，龙崇拜便与帝王崇拜结合在一起。中国古代帝王把自己说成是龙神的化身或龙神之子，或把自己说成是受龙神保护的人，借助龙树立权威，获得人们普遍的信任和支持。这样，龙获得了更为显赫的地位，对中国龙文化的发展起到十分重要的作用。

因为以上种种缘由，我们也就成了龙的传人。接着也就有了龙的"地盘"。

中华大地有很多地名中带有"龙"字，如黑龙江省、龙岩市，县区名中带有"龙"字的超过50个，其中有青龙、黄龙，有龙山、龙江、龙湖、龙海、龙泉、龙潭、龙川、龙岗、龙湾，有云龙、石龙，有龙游、卧龙、盘龙，有龙城、龙门、龙港、龙井、龙亭、龙陵……也有不少被称为或者自称为"龙城"的城市。

"但使龙城飞将在，不教胡马度阴山"中的龙城是甘肃天水的别称，也是边塞诗歌中常见的地名。这个龙城更多是存在于文学作品中。苏南常州的别称为"龙城"。这里自明代始有龙城书院，乾隆南巡常州时曾为天宁寺题"龙城象教"。对于我们亲子游学来说，常州建设的大型中华恐龙园倒是应景得很。而且，常州的恐龙园可以作为从恐龙到中国龙的认知铺垫。

常州恐龙园的标志性建筑物就是中华恐龙馆，恐龙馆内有博览、娱乐及科普空间，科普恐龙从出现、繁衍、演化直至毁灭的过程。中华恐龙馆还是收藏展示中华系列恐龙化石最全的恐龙博物馆，巨大的恐龙化石重现了恐龙主宰的世界，可以让孩子和4亿5000万年前的世界主人亲密接触。地球演化厅穹顶上是镶嵌有罗马数字的巨大表盘,以倒计时方向不停息地运转,星光闪烁,散发着靛蓝色的宇宙寒光,为人们展示距今2亿多年前直至现在的陆地变化过程。其中墙壁上的一句话深深地打动了我:如果将宇宙大爆炸至今的时间浓缩成24小时,那么恐龙曾经统治世界十几分钟,人类却不过午夜前的短短几秒。

常州恐龙园的酒店也值得一住——恐龙主题房间很受孩子的欢迎。房间不仅有恐龙内容,也有童话相关主题。大堂、餐厅、走廊等公共区域到处"埋伏"着恐龙。要去洗个手,水是从恐龙的嘴里流出的,孩子们非常喜欢。酒店3楼有冒险岛剧场,会有各式各样的活动和恐龙电影放映。恐龙课堂免费提供儿童托管课堂,有花艺、绘画、书法、DIY、艺术培养、知识科普、动画电影等各式活动。还有"恐龙来啦"互动秀,有互动游戏和超有爱的恐龙陪伴,爸爸妈妈再也不用担心"熊孩子"待不住了。

要是冬天去,推荐泡一泡恐龙谷温泉。据说恐龙谷温泉水采自地表以下2009.70米深处、距今约2.5亿年前的三叠纪地层。三叠纪从一次灭绝事件开始,作为中生代的第一个纪,生物面貌焕然一新。裸子植物迅速发展;巨大爬行动物崛起,并出现海生类群;晚期出现恐龙……这些知识都可以讲给孩子听,对恐龙痴迷的孩子知道的知识可能会比我们多。

常州另一个值得关注的是东经120°塔,可作为一个额外的小小研学点。东经120°经线是北京时间的基准线,而这座东经120°观光塔就坐落于东经120°经线上。观光塔高达120米,是整个迪诺水镇最高的建筑物。不像传统的观光塔需要乘坐升降电梯直达观光舱,在升降的过程中不能观看周边景观，这个观光塔融合了塔和摩天轮的双重概念：从底部进入观光舱，舱体会带着你一起缓缓旋转并同时上升，360°无死角地俯瞰整个常州。

东经120°标志

恐龙园正门外的南北向马路就叫东经120路，这条马路是沿东经120°经线修建的。东经120°经线贯穿于东半球包括中国在内的多个国家和地区，而常州是该经线穿越城区的唯一城市。

山西太原之所以被称为"龙城"，一个说法是出了很多皇帝。要我说，即使"出"的皇帝数量再多，也比不过唐代始于太原这个说法。隋时李渊坐镇太原为唐国公，称太原为"龙兴之城"倒也合情合理。

辽西朝阳也是"龙城"。《晋书》记载，东晋初，鲜卑首领燕王慕容皝在柳城之北，"筑龙城，构宫庙"，改柳城为龙城。龙城成为朝阳城建城之始——原来是人为改名的。不过，它这个北方的"龙城"是柳城改龙城，而南方的"龙城"是柳州之别称。

柳州，秦属桂林郡，唐贞观年间定名至今。城边有周水，某年

"八龙见于江中",周水遂改名为龙江,江边建龙城县即今柳州柳城县。有了这个故事和县城,柳州被称为"龙城郡",在《宋史》中也有记载说"柳州龙城郡"。

我国最北面的黑龙江省也有龙城。黑龙江省是中国唯一一个名称中带有"龙"字的省份,由江水而得名。1683年,清政府设立黑龙江将军辖地。1699年,黑龙江将军驻地由墨尔根(今黑龙江嫩江)迁至齐齐哈尔,到1954年黑龙江省省会迁至哈尔滨市,其间200余年,齐齐哈尔一直是黑龙江省的政治中心,故齐齐哈尔有龙江府、龙城之称。

到了当代,出现了年轻的"龙城"——河南濮阳。1987年濮阳出土的距今6400年的蚌塑龙形图案,在国内外考古界引起轰动,被称为"中华第一龙"。濮阳因此被称为"中华龙乡",所以有了"龙城"的命名。

上述知名的龙城我们去过五六处,孩子们最喜欢的是常州和天水,前者是因为恐龙,后者是因为孩子们常常背诵的边塞诗歌,毕竟"龙城飞将"就在天水。

说完地名,我们再说说不同研学旅行目的地的"龙"。

在阅读时,我们会注意与龙有关的读物。在阅读西方有关龙的绘本时,我们会跟孩子们强调西方的龙与我们中国的龙的区别。但是,我发现市面上没有合适的关于龙的故事的早期读物。我教了好多年的一年级阅读课,在对300名小学生的调查中,我发现超过一半学生不知道"龙的传人"的具体含义,不知道龙是如何演变的,约一半学生分不清中国龙、西方龙的区别,更有不少学生以为龙就是恐龙,或者说是恐龙中的一种。于是,我就写了《龙族故事新编》丛书,从"龙生九子"的典故讲起。龙和龙九子的传说一直到现在都是我们生活中所常见的,屋脊上蹲着的、驮着碑的、桥旁边趴着的、大钟上吊着的……可以说,龙就在我们的身边。十二生肖中有龙,建筑、艺术、文学中有龙,天上的星、地名、人名、吃的食物、玩的玩具、喝的茶叶……都有龙和龙子的存在。

十二生肖中,龙以外的 11 个都是大自然的产物,只有龙是中国人的"想象力"生成的,龙的传说,龙的形象,就是典型的多种形象的创造性融合。看过《龙族故事新编》丛书,大家都会了解到,原来龙是由各种动物形象组合在一起的。像龙的故事那样,能够培养儿童想象力的传统文化,一直就在我们身边。

所以,在博物馆研学中,我们就很注意带领孩子欣赏与龙有关的文物,特别是被称为"国宝"的一级文物。我们关注到的包括:

1. 新石器时代红山文化玉龙(中国国家博物馆,1971 年内蒙古翁牛特旗出土)

2. 新石器时代龙山文化彩绘蟠龙纹陶盘(中国社会科学院考古研究所,1980 年山西襄汾陶寺遗址第 3072 号墓出土)

3. 商子龙鼎(中国国家博物馆,20 世纪 20 年代河南辉县出土)
   子龙鼎是迄今所知带有"龙"字的最早青铜器。

4. 商龙纹兕觥〔山西博物院,1959 年山西石楼桃花者(庄)出土〕

5. 隋白釉龙柄双联传瓶(天津博物馆)

6. 唐开元投龙铜简——没有龙的"投龙简"(贵州省博物馆)

帝王向神灵求愿祈福之举,称为"投龙"。帝王将其恳请神灵保佑的心愿刻在一枚铜版上,谓之"金龙",亦称"投龙简",然后派人将之带到一些名山大川投放，以上达神灵，此即所谓的"金龙驿传"。奉命投放之地多为名山大川的某个溪涧、沟洞，抑或深潭乃至乱石丛中。李隆基的这枚"投龙简"，投放地为南岳的"紫盖仙洞"。

7. 唐青釉凤首龙柄壶（故宫博物院）

8. 金代铜坐龙（黑龙江省博物馆）

铜坐龙代表了中华民族多民族、多地域、多文明的文化的融合和发展，专家们认为无论从考古还是从艺术的角度，这尊铜坐龙都有很大的文化研究价值。我认为此龙是龙文化向北融合的重要证物。

9. 元蓝釉白龙纹梅瓶（扬州博物馆）

10. 元"统领释教大元国师之印"龙钮玉印（西藏博物馆）

11. 元青花云龙纹高足碗（吉林省博物院）

该器物侈口，深腹。高圈足上有三道凸弦纹，呈竹节状。口沿为青花唐草纹。内壁暗花印行龙二条。外壁用青花绘一游龙，并衬以火焰纹。青花色泽青翠浓艳，线条流畅有力，堪称元代青花瓷器中的珍品。

12. 清云龙人物纹转心象牙球（辽宁省博物馆）

该器物全高52.2厘米，上为一直径12.9厘米的大球，镂雕祥云缭绕，十余条健龙或藏头露尾、或藏尾露首穿行于云层之间；大球内分层透雕21个小球，球球相套，层层能转，满地纹饰。三节台柱，上为六层透雕小象牙球，纹饰同顶上之大象牙球；下有四足座，座上雕人物顶柱状承盘。象牙球玲珑剔透，其巧夺天工的雕刻工艺令人叹为观止。

这12个纵贯中华五千年、遍布祖国大江南北的"龙国宝"都在诉说着同一个主题——我们都是龙的传人。

除了这些被保护起来的文物外,我们还可以从其他研学旅行目的地了解到中国龙。比如,在辽宁朝阳,可以去鸟化石国家地质公园,这座公园由上河首古生物化石园区、四合屯古生物化石园区、凌源大杖子园区、凤凰山园区及槐树洞风景区组成。我们主要看中生代古生物化石,特别是号称最早的鸟类和最早的花,朝阳也因此被誉为"第一只鸟飞起的地方""第一朵花绽放的地方"。鸟化石地质公园有化石发掘现场遗址馆和古生物化石博物馆,能看到我们最感兴趣的始祖鸟、孔子鸟以及其他众多的恐龙化石。不仅如此,这里的花与蜜蜂之类的小的,甚至是微小的化石也让人们惊讶——仿佛时空被定格,透过化石可以看到亿万年前的世界。这个世界也正是我们今天的世界。

四、可体验的中国历史

在研学旅行中,我们可以通过观看实物、阅读文本图像来增强对于历史的了解。前文介绍过,全国重点文物保护单位就是历史的最佳载体,我们可以由此直接地"看到"历史。特别是其中的历史遗址,从聚落到城郭、民居,从寺庙到衙署、书院学堂,从墓葬地到宗庙祠堂……都是历史的记录者和见证者。

按照我前面的研学设计"点线面"相互启发、相互渗透的原则,基于历史学科的研学旅行可以从孩子的年龄兴趣、城市资源、通史、专门史、城市发展史、人物等角度,选一个历史的小切口开始。

比如可以从"国宝"入手——

从家门口的"国宝"看历史

我国文明发展呈现全面开花状态,"国保"单位遍布全国。其中,排名第一的山西以 531 处占全国"国保"单位总数的 10.5%,相当于排名后十位的总和,比排名第二位的河南多 111 处。

按照考古学和历史朝代分期法,现有的"国保"单位时间跨度从史前到现代的各个时代——旧石器时代、新石器时代、夏、商、周(西周和春秋战国)、秦、汉、三国、晋、南北朝、隋、唐、五代、宋、辽、金、元、明、清、中华民国和中华人民共和国。各时代留存文物的多少与其距今年代远近、延续时间长短、人类活动频繁程度等有密切关系。明清两代因历时长和距今较近,"国保"单位数量较多,居于前两位;民国时期因为近几批公布了较多的"近现代重要史迹及代表性建筑"而排名第三;夏、秦、三国、晋、十六国等朝代或因年代久远,或因历时较短,或因战乱频繁,留存"国保"单位均较少。

宋、辽、金处于封建社会中期,宋与辽、金是几乎并立的政权,前后历时 319 年,其间封建经济有较大发展,文化教育、科学技术高度繁荣。宋、辽、金时期堪称留存"国保"单位数量最多的时代。

唐代和汉代是大一统时期,社会繁荣、国力强盛、延续时间长,因而也留下众多价值重大的文化遗产。

众多"国宝"在空间和时间的广泛分布,也给我们就近研学提供了方便,家长们要善于发掘有关信息,与自家兴趣爱好做好衔接,设计便捷、有效的研学计划。

特别是要发掘本地的历史文化资源——

从大城小城看历史

从对研学资源的分析中,我们可以知道,有的历史文化遗存点缀在城市中,甚至现在还在发挥作用,成为现代城市的重要组成部分。因此在一些顺路经过的研学点,要积极寻找其中的历史研学价值。

我们在郑州的时候,特意抽出半天时间去寻找商城遗址。问了好半天,结果就是路边貌似街心花园的那一堆堆夯土,漫不经心地透着千年的气息。

同样容易"被忽视"的遗址还有常州的春秋淹城遗址、北京的元大都遗址,也都是一溜杂草野树丛生的小土堆,完全看不出有半点城墙的样子。沿着淹城"古城墙"走了一段,前面热闹起来。原来土堆上有一段被辟为烧烤区域,自助的、零售的,大人喊小孩叫,烟雾绕肉香飘——古时城墙上的烽火传递两千年之后变成了炉火。北京还好,看不到这样的烟火气,但护城河边也是餐饮酒吧林立,在小月河牡丹园处,离老远就能闻到"辣婆婆"的椒辣味。

淹城的城墙分为三层,每层都有护城河环绕,可以绕着圈儿一层层往里走,慢慢发现,还可看到附会《诗经》里那首千古名篇的关雎井、传说军事家孙武起居的孙武草堂等人造景致。还有"岳飞点将台",传说岳飞抗金收复常州时曾在此点将,更是将时光一下从春秋穿越到千年之后的宋朝。

经历了两千年前淹城遗址的怀古游学,我们会觉得可供怀古的景致其实不能太古,上溯几百年,还有些依稀可见原样的遗迹存下,让人抚今追古,叹息感慨。而淹城的沧海早已成桑田,何处寄情思?

北京元大都遗址在我最早去探访的时候,只有蓟门桥少数的几个地方有点儿"被保护"的遗址样子。得益于奥运会大建设，有关部门开始对元大都城垣遗址公园进行整体改造。改造后的元大都城垣遗址公园创下 4 个北京之最和 1 项全国第一：最大的城市带状公园、最大的室外组雕、最大的人工湿地、最先完成北京市应急避难场所建设的试点公园，北京也因此成为全国第一个进行应急避难场所建设和竖立"应急避难场所"标志牌的城市。

北京建都始于金，盛名始于元。作为当时的都城，元大都城始建于 1267 年，至今已有 700 多年的历史。其最北部在明初北墙南移时遗存城外，至今仍可以见到高达 10 余米的城墙遗迹，俗称"土城"。我曾经在北土城西边的牡丹园居住过一年，天天穿行在历史的烟云中。

历史也隐藏在各地独特的文化遗存中。南京金陵刻经处就是这样一个所在。

僻静的城南延龄巷，不显眼的院落，我们静悄悄地推门而入。走进小院，便觉其中天地颇宽，经书印刷、装订各居其所，屋子不大，一切都井然有序。西跨是小小花园，更有绝世雕版、珍稀古籍展厅，静谧、干净，米黄色调流露出和佛家的渊源。我本以为孩子们不会对佛影青灯的刻本有兴趣，可是他们非常认真地观看从刻版、印刷到装订的整个过程，兴致盎然。

在这里，我们似乎走进了时间深处，直面中国四大发明中的雕版印刷术，雕版、抄本、佛经、佛像这些中国文明进程中的文化符号，让我等他乡客子亲炙杨仁山居士在藏版、护书、刻书中所辉映的高贵的精神追求与文化守望，体味到高华、隽永的书香文脉。

木刻雕版印刷是我国古代一项印刷工艺，约起源于唐朝。当下，中国古代木刻雕版印刷的工艺能完整保持的寥寥无几，而金陵刻经处不仅保持了棠梨木刻版、水墨印刷，装订也颇为讲究，有抽页、对折、齐栏、上纸捻、贴封面、切边、打眼、线装、贴签条等多道工序，而且所刻书籍流通海内外，古为今用，殊为难得。金陵刻经印刷技艺在2006年被列入第一批国家级非物质文化遗产保护名录，又于2009年成功入选联合国教科文组织人类非物质文化遗产代表作名录。

金陵刻经处

这座坐北朝南的小院，主要建筑有祇洹精舍、深柳堂等，这些建筑大部分是20世纪50年代后复建的，虽然不算是文物了，但因为其间的人、事、物，依旧散发着古色古香。作为全国活着的唯一的刻经"出版机构"，这里保存有12万多块经版，百年以上历史的就有4万余块。经过沧桑风雨的老经版，有不少目前还在使用之中。后院有栋赵朴初居士题写匾额的白楼，就是收藏这些宝贝的经版楼。

这样一个所在，因为靠近新街口，周边已经是高楼林立，能有这样的传承，让人颇觉惊讶，很多的南京人都不知道此处风骨。漫步其间，有隔世大隐之意。

研学旅行的目的地还有那些活着的历史小城。

历史，本身就是人类自觉地存在的基本方式，是随处可见、无所不在的。除了前文所述的历史遗迹之外，在水乡同里、在合肥三河、在宛城、在婺源、在平遥、在凤凰……我们随时与历史不期而遇，觉得它们都有说不尽的话题。

在同里听司机讲了它的"命名三部曲":由于交通便利,灌溉发达,土肥民壮,同里最初的名字叫作"富土";后来人们觉察到这样堂而皇之地矜夸、炫耀,既加重了税赋,又无端招致邻乡的嫉妒,还经常不断受到盗匪、官兵的骚扰,于是,就改成了现在的名字——把"富土"两个字叠起了罗汉,然后动了"头上摘缨,两臂延伸"的手术,这样,"富土"就成了"同里"。

在灵石王家大院,儿女似乎还没有多少思绪翩翩,但依旧会赞叹大院的阔绰。穿行在"三巷四堡五祠堂"等庞大的建筑群中,人们自然免不了感慨一番王家的兴衰史,这样的家族兴衰也与当地的历史发展大有关联。

因为儿子上学,我们搬了三次家,从二环边太平湖北的小西天搬到了西三环西钓鱼台,又搬到了北五环外肖家河的圆明园花园,最近的一次是搬到了田村南的玉泉路,每一次,我们都会研究一下这个地点的历史,孩子们都兴致盎然。

每一个家都可以定位在空间的一个点上,有心的父母再叠加上时间,就能引发孩子对历史的乐趣。

除了上面微观的历史研学,我们也可以按照中国通史的大纲走起——

中华文明源流

我在创作《龙族故事新编》丛书时,参阅了一些有关远古中国的人文、地理的典籍。尽管其中多为神话传说,也能从中梳理出一些诸如"中华文明源流"的家庭研学主题。

不过，类似主题更适合已有中国历史学科学习和阅读经验的"大孩子"。从我们一家的经验来看，小学阶段的孩子对于历史遗迹的兴趣较弱，但是我们也会从孩子感兴趣的考古、古尸、"大肚子陶器"等知识点切入，逐渐引发和维护孩子的兴趣。

各大博物馆也会有与之相关的常设和临时展览。比如2022年故宫开展的"何以中国"展览，汇聚30家博物馆的珍贵文物，展示了中华文明的起源和历史发展脉络。这些国宝串起来，也是中国历史的一部小小通史。而中国国家博物馆的古代中国基本陈列就是一部通史展，其中陈列的众多文物，可以帮助我们"看见"中华五千年文明的光芒：

俗称C龙的玉猪龙出土于辽宁的牛河梁红山文化遗址，遗址中发现了中国迄今为止最早的史前神殿女神庙，出土了女神像，还出土了大量精美的玉器，包括玉猪龙——像猪的头部、龙的身子。

这些文物中，有对神的崇拜，有龙的传说，还有对美的追求，当然也有贫富的差距，标志着人类进入了文明时代。

红山文化遗址出现了祭坛，这是当时先民们进行大型祭祀活动的场所。它的方形地基上有圆形的祭坛，和现在的天坛类似，由此可见"天圆地方"这一理念的传承。

与红山文化遥遥相对，在淮河流域的安徽凌家滩，这里出土的玉器中同样出现了神的形象、龙的形象、鹰鸟的形象，代表不同族群对不同的自然事物如飞鸟、太阳等的崇拜。

良渚遗址出土的神人兽面纹玉琮，其纹饰将人和动物抽象为一体，是良渚文化最具代表性的玉器。良渚出土的玉钺也有很高的价值，它是权力的象征，象征着王权神授的理念，意义重大，仅见于极少数良渚男性权贵墓葬。

良渚遗址的社会经济和古城建设非常发达。山边有一个拦水坝，还有城墙。生产力的发展带动了手工业的发展，社会分工明确，有制陶的人，有种田的人，还有住在高大宫殿里的人群，社会已经分化成不同的阶层。

良渚遗址的城里和郊区都发现了大面积的稻田。从目前的科学分析来看，大概在 8000 年前，我们中国人就开始驯化和培植稻谷。

当孩子有了对我国历史源流的好奇和探究之心，就可以开始设计远程的家庭研学旅行了。如果我们还是按照中国通史的脉络走，那就先要去河南和山西走一走。

距离中国古代神话传说时间最近的，是尧舜禹时期。经过科学论证，多数学者认为山西襄汾的陶寺遗址有可能就是传说中尧帝的都城。在这里发现的一个陶器，上边有文字，这个文字就是"文化"的"文"。另外，陶寺遗址中有一个让孩子感兴趣的非常完整的观象系统，可以用来观测计时，记录四季，比如春分、夏至等节气。距今 4300~3900 年的具有完备都城功能的陶寺遗址，对于中华文明起源及早期中国等重大课题的研究具有推动意义。

更靠近黄河的，还有二里头遗址。二里头遗址位于河南省洛阳盆地东部的偃师境内，距今约 3800~3500 年，相当于古代文献中的夏、商王朝时期。二里头遗址代表着中国古代最早最完整的城市和文明，因为它有明显的大型宫殿群，有十字路口，有最早的城市主干道网，说明这一时期文明已达到了非常高的程度。

探寻"何以中国"，一定会说到一件重要的文物——宝鸡青铜器博物院收藏的何尊，其内底所铸铭文中的"宅兹中国"，是目前所知

"中国"一词最早的文字记载。作为西周早期的祭祀礼器，何尊的造型和纹饰达到了很高水平，反映了当时社会的文化观念和宗教信仰。因此，何尊具有极高的历史、艺术和文化价值，是中国古代文化的重要象征之一。

从最早的中国走来，这块土地上的先民们创造了灿烂的中华文明，而今天的我们正在走向更强大的未来。

博物馆里的历史课

无论什么主题的研学旅行路线，只要到了一个城市，我们都要前往当地的博物馆参观，不受既定主题的影响。有时候自驾出行，需要在路途中稍作休整，这时，城市博物馆就成了途中休整的最佳场所。

城市博物馆大都有不错的基本陈列，可以作为研学的基础内容。我国自1998年开始评选"全国博物馆十大陈列展览精品"，到2023年博物馆日发布的2022年度精品奖，一共举办了二十届，共500多项展览获得年度十佳、年度优秀、特别奖和境外合作奖（含入围奖）等。其中很多获奖展览是基本陈列，分布在近百个城市。我们可以了解这些精品展览，作为研学旅行设计时的重要选择依据。

在这些获奖展览中，很多是历史类的展览，有的是通史，大多数则是某一区域、某一领域或某个特定时期的"通史"。下面列举其中一些作为参考。

中国古代史

古代中国基本陈列　中国国家博物馆　北京

吉金光华　山西博物院（山西青铜博物馆）　太原

和合中国　辽宁省博物馆　沈阳

考古圣地·华章陕西——陕西考古博物馆基本陈列　陕西考古博物馆　西安

周口店遗址博物馆基本陈列　周口店北京人遗址博物馆　北京

华夏第一王都——二里头夏都遗址博物馆基本陈列　二里头夏都遗址博物馆　洛阳

中原古代文明之光　河南博物院　郑州

良渚文化——实证中华五千年文明　良渚博物馆　杭州

成都金沙遗址博物馆基本陈列"走进金沙"　成都金沙遗址博物馆　成都

江汉泱泱　商邑煌煌——盘龙城遗址陈列　盘龙城遗址博物院　武汉

唐风晋韵——晋国历史文化及晋侯墓地遗址展　晋国博物馆　临汾

楚文化展　湖北省博物馆　武汉

战国雄风——燕赵中山　河北博物院　石家庄

代蔚长歌　蔚县博物馆　张家口

大哉孔子　孔子博物馆　曲阜

齐国历史陈列　山东淄博齐国故城遗址博物馆　淄博

平天下——秦的统一　秦始皇帝陵博物院　西安

西汉南越王墓出土文物陈列　西汉南越王博物馆　广州

大汉绝唱——满城汉墓　河北博物院　石家庄

马王堆汉墓陈列　湖南博物院　长沙

唐代洛阳　洛阳博物馆　洛阳

六朝风采——六朝历史文化陈列　南京市博物馆　南京

中兴纪胜——南宋风物观止　浙江省博物馆　杭州

大辽契丹——辽代历史文化陈列　内蒙古博物院　呼和浩特

西夏历史文化陈列　宁夏西夏博物馆　银川

金上京历史陈列　阿城金上京历史博物馆　哈尔滨

瑷珲历史陈列　黑龙江瑷珲历史陈列馆　黑河

太平天国历史陈列　南京太平天国历史博物馆　南京

鸦片战争海战陈列（最佳形式设计奖）　东莞海战博物馆　东莞

虎门销烟　鸦片战争博物馆　东莞

从皇帝到公民——爱新觉罗·溥仪的一生　长春伪满皇宫博物院　长春

中国近现代史和革命史

人民革命战争陈列　中国人民革命军事博物馆　北京

向海图强——人民海军历史基本陈列　中国人民解放军海军博物馆　青岛

海上国门陈列　天津市滨海新区塘沽大沽口炮台遗址博物馆　天津

烟台开埠陈列（最佳内容设计奖）　烟台博物馆　烟台

红船起航——南湖革命纪念馆基本陈列　南湖革命纪念馆　嘉兴

为天下先——辛亥革命武昌起义史迹陈列　辛亥革命武昌起义纪念馆　武汉

湘江北去·中流击水——长沙历史文化陈列　长沙市博物馆

长沙

中国出了个毛泽东陈列　韶山毛泽东同志纪念馆　湘潭

探索与奠基——武昌中央农民运动讲习所历史陈列　武汉革命博物馆　武汉

南昌起义　伟大开端　南昌八一起义纪念馆　南昌

井冈山革命斗争史　井冈山革命博物馆　井冈山

红色闽西（最佳形式设计奖）　闽西革命历史博物馆　龙岩

遵义会议　伟大转折——遵义会议纪念馆常设展览　遵义会议纪念馆　遵义

延安革命史基本陈列　延安革命纪念馆　延安

"九·一八"历史陈列　"九·一八"历史博物馆　沈阳

抗战岁月基本陈列　重庆中国三峡博物馆　重庆

黑土英魂——东北烈士纪念馆基本陈列　哈尔滨东北烈士纪念馆　哈尔滨

抗战十四年——东北抗日联军历史陈列　东北抗联博物馆　哈尔滨

南京大屠杀史实展　侵华日军南京大屠杀遇难同胞纪念馆　南京

艰苦卓绝——上海抗战与世界反法西斯战争主题展　上海淞沪抗战纪念馆　上海

反人类暴行——侵华日军第七三一部队罪证陈列　侵华日军第七三一部队罪证陈列馆　哈尔滨

东北抗联圣地——梧桐河抗日历史陈列　梧桐河抗联纪念馆　佳木斯

热血陇原——八路军驻甘办事处与甘肃抗日救亡　八路军兰州办

事处纪念馆　兰州

铁军忠魂——新四军历史陈列　新四军纪念馆　盐城

淮海战役纪念馆基本陈列（最受观众欢迎奖）　淮海战役纪念馆　徐州

红色甘肃——走向一九四九　甘肃省博物馆　兰州

百万雄师过大江——渡江战役纪念馆基本陈列　渡江战役纪念馆　合肥

新中国从这里走来　河北平山西柏坡纪念馆　石家庄

为新中国奠基——中共中央在香山　香山革命纪念馆　北京

抗美援朝战争（最佳形式设计奖）　中国人民革命军事博物馆　北京

抗美援朝　丹东抗美援朝纪念馆　丹东

北洋海军专题系列展览　中国甲午战争博物馆　威海

圆梦——从北洋铁甲到航母舰队　大连现代博物馆　大连

中国人民解放军海军南海舰队军史陈列　中国人民解放军海军南海舰队军史馆　湛江

"深圳改革开放史"陈列　深圳博物馆　深圳

参观博物馆和行走城市可以结合起来。比如我们在去相关城市博物馆观看关于近现代史和革命史的展览时，还可以梳理一下这些城市"国保"单位中的"近现代重要史迹及代表性建筑"类型，相互联系，实地考察，以获得更好的研学效果。

五、脚下的地理课——海岸线 + 陆地边界线研学

我家的研学旅行总规划名为"960",一方面是 9 年 60 条路线,另一方面是见到"960"这个数字最直接的反应——陆地面积 960 万平方千米的祖国。这是地大物博的祖国最重要的数字之一,也是我们所熟知的,但对于"我国的陆地边界线 2.2 万多千米,大陆海岸线 1.8 万多千米"这点,恐怕很多人不太熟悉。那么,这些陆地边界线、海岸线具体情况怎样?各有什么样的特点?能不能沿着它们研学呢?我把这个想法一说,大家都很有兴趣。鉴于陆地边界线的复杂地貌,我们先定下来走海岸线,并且全部安排在暑假执行——这本身就是浪漫的旅行,小孩子没有不喜欢暑假去海滩玩、吃海鲜、洗海澡的。

浪漫的"旅行"有了,"研学"如何来体现呢?

这就需要发挥框架性思维的作用进行整合。我们计划分几步走:第一步是江苏、上海、浙江、福建一线的"民居行",第二步是绕着山东半岛的"灯塔行",第三步是绕着辽东半岛的"和平之旅",第四步是广东、广西的"发展之旅",海南岛和台湾岛计划单列,也各自有自己的主题研学。

2013 年海岸线研学的主题是"民居行",主要源自游天津的启示。

天津是好邻居,我们经常去,每次去的主题也不一样,不过总会有"建筑的欣赏"这一条线。五大道的老别墅改成的咖啡馆、相声会馆,还有教堂,有点儿奇怪的瓷房子,我们都专门去看过。最近的一次则主要看"洋楼",我们直接住到了庆王府。再"联"之前我们参

观过的各种民居，想到因为历史原因，很多海滨城市留下了"万国建筑"，于是我们聚焦"民居"，进行了一番实地考察。

2014年海岸线研学的主题叫"灯塔行"，源自亲子共读。儿子二年级就开始喜欢凡尔纳，开始读他的书，其中就有一本《天边的灯塔》。儿子的阅读给了我们一家在阅读内容上的启发，于是，胡老师读了伍尔夫的《灯塔行》，女儿则自己找到了一本《灯塔闹鬼记》。这样的阅读给我们设计研学路线以启发，想到海岸线研学目的地中的烟台、青岛、日照都有知名的灯塔，于是确定了"灯塔行"的主题。

路线的细化是我和儿子的任务，我们一起查阅资料，设计路线，形成了路线图——从北京出发，奔山东东营，沿着海岸线一路经龙口、蓬莱、烟台、威海，再从荣成成山角到青岛、日照、连云港。我们精心挑选了沿途的12个灯塔：有些是景点，可看可登；有些是在景点内，不开放；有些在悬崖之上，有些在惊涛之岸；有些看着伟岸高大，有些精巧玲珑……我们在参观游览之余，也理解了灯塔的诸多象征意义。

我们还有额外的"输出"。女儿画了好多灯塔的画，儿子写了四首关于灯塔的诗，有一句我们都很喜欢，还被他配上画，挂在家里的餐厅墙上。他俩那段时间很迷乐高，其中有一款是灯塔组合，他们在路上拼好，到了每一处都举着"乐高灯塔"与灯塔合影。这是当时在网上很时髦的"带玩具游世界"的网络活动，我们也以这种特殊方式参与，让他们特别高兴。

孩子对知识的渴望是与天生的好奇心相匹配的，同时孩子也很爱跟别人分享，他们也需要丰富的谈资，而丰富的研学旅行就可以成为有趣的话题。家长如果能体会到这一点孩子气的需求，在平常研学旅行设计的时候，可以额外地设计一些与众不同的内容。

2015年海岸线研学的主题是根据一个时政热点确定的。我们之前的整体规划是"清朝探秘之旅——关外篇"，但2015年是个特殊的年份——抗战胜利70周年，孩子们通过学校教育、公共媒体了解到大量的知识和信息，而我们计划中的辽东半岛的游学点中也多有与战争有关的目的地，于是在"清朝探秘"主题的基础上，我们增加了一个"和平之旅"的主题，也是希望这些读《和平是什么?》《谜戏》《南京那一年》《火城》等绘本和《老邮差和小英雄》《火印》《1937，少年夏之秋》等文学作品的孩子们可以在实地感受的基础上，多一些对于战争与和平的感受与思考。

这一整年，我们把"战争与和平"的主题穿透、辐射在各类家庭教育中。在亲子共读和独自阅读方面，我们根据儿女的阅读状况而选择不同的阅读素材，与女儿共读绘本，与儿子共读小说。我们还观看了一些适龄的战争主题的电影，儿子很喜欢其中的一部《坚不可摧》，听说这部电影改编自传记小说，就让我们买来了书，在一个月的时间内硬是读完了这本长达42万字的小说。女儿则独立阅读了描写阿富汗儿童生活的《帕瓦那的守候》，后来这部小说被改编为电影，我们又一起观看。

也是这一年，儿女开始听、读《三国演义》。虽然是封建王朝的争战，但是我们可以用来进行不同层面的"战争与和平"主题阅读与讨论，还可以引申到更多的战争。

为了规划路线，辽东半岛、明清历史成了暑假前孩子们和我经常聊的话题，他俩对于地图上的路线、城市也反复查看。在实际实施时，我们的路线作了微调：从北京出山海关，去了辽沈战役纪念馆、抚顺雷锋馆、丹东断桥、抗美援朝纪念馆、老铁山、大连潜艇博物馆（国内唯一的潜艇博物馆，其中有一段模拟潜艇之旅——那可是一趟冲击不同"战争与和平"理念的"战争之旅"，但是确实能吸引孩子的关注）、旅顺博物馆、关东军司令部旧址博物馆等游学点。

海岸线研学旅行，常常有额外的收获。我们在塘沽、龙口、烟台、连云港等地多次看到过渔民的丰收景象，也被那种劳动收获后的愉快所感染。我们目睹了渔船归来、海货交割、海鲜加工等环节，在美味入口、大快朵颐时，会感谢劳动者的辛劳。

有时候，我们也直接从渔民手中"采购"最新鲜的渔获，然后自己动手丰衣足食。这成了我们海滨游中最物美价廉、全家齐动员的海鲜大餐，为研学旅行增添了很多快乐。

海岸线研学旅行，也让我们见识到祖国强大的基建力量。沿海高速公路、国道，遇水架桥、遇山凿洞，悬崖峭壁、沿海滩涂无不可以变成通途。特别是其中几处跨海大桥，如胶州湾大桥、杭州湾跨海大桥，我们行驶其上，"穿越"大海，自豪感油然而生。

在这三次海岸线研学旅行后，接下来就是两广的"发展之旅"和台湾岛、海南岛了。我们计划再利用两个暑假，先将两广海岸线、海南岛画成彩色的实线——孩子们会在地图上把去过的地方做个标记。问题是，我们如何实施？我又有了一个新的主意：扎根广州20天，东去厦门接之前的研学路线，西去广西防城港，并可深入越南，再回到广州，南下伶仃洋。

或者，乘火车先到湖南，然后驾车向西南行至凭祥友谊关，再掉头往东，防城港—海上越南—北海—雷州—湛江—珠海—澳门—广州—汕尾—汕头—梅州—赣州—郴州，最后乘火车回北京。写下上述地名后，这段研学路线的第二主题是否可以考虑客家文化之旅？或文化向南之旅？这值得我们一起去思考。

2016年上半年，我和孩子们也关注了南海问题。如果将来南沙开放旅游，我们希望全家前往，尽可能地刷新孩子们的"之最"：祖国最南的地方。

我们的海岸线研学为了节省时间，多数路程走的是高速，但是山东半岛多数走的是国道。现在沿海最近的国道被统一规划为G228，起点在辽宁丹东，终点在广西东兴——正好是中国海岸线的起止点。

G228国道连接了我国10个沿海自贸区，4个经济特区，第一批的14个对外开放城市，联结了近现代史上从鸦片战争到改革开放的众多重要事件发生地，观察与思考这条线上众多城市的发展和变化，也是一堂近现代历史课。

G228国道从起点丹东的鸭绿江到终点东兴的北仑河，一路上跨越辽河、海河、黄河、灌河、长江、钱塘江、瓯江、闽江、珠江等一系列水系。都说"大河向东流""百川东入海"，我们特意去看了辽河、海河、黄河和长江入海口，每一处都与众不同，让人震撼。

从连云港沿国道南下，会发现还有让人如此舒畅的国道，限速100千米，东望可见大海，路边是花花草草和风车——可以发电的大风车。在辽宁的大连、营口，天津的曹妃甸，在山东的龙口、文登和青岛，在连云港的赣榆、墟沟和徐圩，在江苏南通，浙江的宁波、温州，为了经济发展而填海造地，我们能看到港口建设已经延伸到海洋，住宅小区也建到了人工岛屿上。在感慨"人能胜天"的同时，我们还可以聊一聊，有些事情是不是不一定要胜天？为了短期利益而改变自然生态是不是最合适的发展方法？

在福建我们也走了较长的国道，海浪就在身边拍打，海鸥在车顶飞过……

与海岸线研学对应的是陆地边界线的研学，我想着等孩子们上了大学后实施。他们可以一路同行，也可以在感兴趣的节点加入，岂不快哉！

随着我国的基础建设提速，高原、沙漠、滩涂等地貌上都可以建成高等级道路，实现"走国界线"的研学目标难度也随之降低了。与海岸线的国道G228类似，国家也调整了陆地界线的国道编号，出现了贯穿祖国西北到西南的超级国道G219——从新疆喀纳斯到广西东兴口岸（可以无缝连接G228），全长超过一万千米。

同样，G228的丹东起点也可以与国道G331无缝连接，沿我国陆地边境，经辽宁、吉林、黑龙江、内蒙古，到达新疆阿勒泰，与国道G219又连接起来。这样，我国的陆地边界线就有了一个公路环线！

这下好了，真的可以走遍祖国！

六、城门城门几丈高——古城研学路线综述

"城门城门几丈高，城门三十六丈高。骑匹马来么坐的轿轿，走进城来么到处绕绕……"这首名为《城门几丈高》的童谣流行于各地，尽管有些字词不一样，但是儿童们基本上按着一个规则在边唱童谣边玩"进出城门"的游戏。

中国人似乎是世界上最喜欢也是最会筑城的族群，现在的城市建设虽无城墙可筑，但也院墙森森，多如牛毛。哪怕是慢师傅这样的读书人，也可以住在有围墙的小区里的书房读书写作——"丈夫拥书万

卷,何假南面百城?"政治家、军事家们以"攻城略地"为大功劳,书生们则以拥有"坐拥百城"为乐事。

到底城是怎么来的呢?让我们到广袤的神州大地上那些随处可见的城的实物、遗址,来一次古代城池的研学旅行吧。

城是什么呢?《说文》中说:"城以盛民也。"《墨子》中有"城者所以自守也"的说法。我认为,两者结合起来就是城的概念:城是四面合围的人类聚居地。

我国具有代表性的古城有陕西西安、江苏南京、山西平遥、山西大同、山西榆次、湖北襄阳、湖北荆州、安徽寿县、河南商丘、辽宁兴城、云南大理,此外,江苏苏州、河南洛阳、河南开封、河北邯郸、山东曲阜、湖南凤凰、湖南岳阳、安徽歙县、安徽凤阳、河南襄城也还保留了一些,还有云南建水、云南巍山、福建崇武、福建长汀、浙江台州、浙江衢州、江西赣州、广东肇庆、广东潮州、四川射洪、四川阆中、四川南溪、重庆奉节、贵州隆里、贵州青岩、新疆喀什等地的古城也较有特色,北京郊区的宛平县城(今属丰台区)也基本还存在。

古城因城墙筑墙材料的不同分为土城、砖城和石城。早期的城都是土城,采用夯土版筑的方法建造。版筑是我国古代修建墙体的一种技术,就是筑墙时用两块木板(版)相夹,两板之间的宽度等于墙的厚度,板外用木柱支撑,然后在两板之间填满泥土,用杵筑(捣)紧,筑毕拆去木板木柱,即成一堵墙。

许多古城遗址可以看到版筑的痕迹。北京的元大都遗址也有非常明显的版筑痕迹,现在东西北三面城墙遗址的交通道路都叫作土城路。

元大都土城

辽上京的城市规划除了按功能分区外，还按民族分为契丹族的北城和汉族的南城。土城遗址四周的"土坎"——土城墙，成了城池的显著标志。

辽上京城墙均为夯土版筑。皇城在北，略呈方形，现存3座城门，城墙上筑马面，城门外有瓮城。皇城北部为空旷平坦地带，推测为毡帐区。城东南和东部为官署、府第、庙宇和作坊区。汉城在南，是汉、渤海、回鹘等族和来自中原地区的工匠居住的地方。其北墙即皇城南墙，现存4门，城墙低矮，城内遗迹大部分被河冲毁。辽上京保留了许多游牧风习，具有典型契丹族特色，注重防御，有完整的城防设施。

砖城最早出现在曹魏时期。《水经注》中说，邺城"表饰以砖"，意思是用砖砌包皮，墙心仍然用夯土版筑。

石城则很少，最有名的是六朝时期在南京修筑的石头城。

三国时期曹魏邺城是从无序过渡到有序的古城典范。西北有高台——依据自然山水而建的铜雀三台，河水入城，以及利用河水保卫宫

南京石头城

城，还有中轴线的雏形、里坊制等，都为后来的都城建设提供了样板。

隋唐长安非常有序，如果把后来修建的位于东北角的大明宫去掉的话，整个城市完全像是叠纸叠出来的。

我国古代社会管理制度坊市制度，即住宅区和商业区严格分开，体现了和西方城市的不同。在宋朝以前，居住区（坊）都有坊墙和坊门，坊门定时开闭，也就是说贪玩的孩子忘记了坊门关闭的时间是没法回家的。坊内也不允许做生意，做生意必须要到商业区（市），而且时间也是严格控制的。直到宋朝才从封闭的坊市制度转变为开放的街巷制，小伙伴们才能痛快地玩耍。

古城的城防体系主要就是城墙和城门两大部分。中国历代都城一般采用三层城墙（外城、皇城、宫城）的城墙防御体系，皇帝居住在宫城。城墙的内侧叫宇墙或是女墙（女儿墙），外侧则叫垛口或雉堞。雉堞是指古代城墙上掩护守城人用的排列如齿状的矮墙。

古城都要建设城门，一个城池开几个城门是根据道路交通和防御性能决定的。每一个城门都要建设城楼，主要作用是标志门的位置，从城楼上还可以观察出入的人，可以远窥敌情。每一座城门大小不一，城门的数量为 2~14 个，每个城门可开门洞 1~5 个，一般是 1 个或者 3 个。

正阳门城门　　　　　　　　　　北京正阳门城楼

从军事进攻的角度看，一座城池最薄弱的环节，自然是城门。因此城池的设计者自然会对其加大保护力度，强化其防御能力。规模小一点儿的城池，一般是设置悬门或吊桥，大一些的城池还要设置瓮城。瓮城可加强城堡或关隘的防守，是在城门外（亦有在城门内侧的特例）修建的半圆形或方形的护门小城，属于中国古代城市城墙的一部分。瓮城两侧与城墙连在一起，设有箭楼、门闸、雉堞等防御设施。瓮城城门通常与所保护的城门不在同一条直线上，以防攻城槌等武器的进攻。

世界上保存最完好、规模最大、结构最复杂的堡垒瓮城是南京明城墙的内城南门聚宝门（今中华门）

看古城，还要看与古城配套的护城河。

中国古代城市的空间特色是城墙环绕，并辅以护城堤防和护城河。前者称为"城"，后两者称为"池"，古代城市也因此被称为"城池"。

我国现在能看到的古护城河中，北京的是完整的，虽然一部分改成了暗河；故宫的宫墙外是著名的筒子河，一向是"观赏"故宫外景的绝佳去处。南通护城河濠河现在是 5A 级景区。同样是 5A 级景区的扬州瘦西湖实际上也是护城河的一部分。西安、襄阳、南京、荆州、杭州、开封、苏州、南通、绍兴、成都、大同、平遥、正定、保定、聊城、淮阳、当涂、襄城等城外的护城河也算是完整，但有些地方古城已经不在了。这些有护城河的古城多数是各种研学路线的目的地，去的时候可以多加留意。

看古城，还要看专门用来防御的箭楼。

箭楼是整个城墙防线里的最高点，作用是瞭望和射击。箭楼由两部分组成，凸出于瓮城的主体建筑正对着城门桥，另一个部分为箭楼主体后面矮小的抱厦，建在瓮城的墙体上，并伸入主体内部。它的外墙体是笔直的，外面的箭射进去很难，里面的箭射出去很容易。箭楼墙面上布满了窗户，可以向四面八方射箭。每有战事的时候，这里就会织出一张密不透风的弓箭网。

目前，在北京和西安还能看到箭楼。著名的大前门就是正阳门外的箭楼。

西安箭楼　　　　　　　　　北京正阳门箭楼——大前门

看古城,还要看角楼。

西安城墙的角楼　　　　　　北京城东南角楼

角楼的重要性在北京城特别突出,毕竟当时迁都北京就要直面北方游牧民族。这也说明了角楼重要的防御性功能。故宫的角楼现在已成为故宫最美景点之一。

七、衙门朝南开——古代官衙研学路线综述

秦始皇统一全国后,推行郡县制,开启了从中央到地方的三级行政管理制度。各地的官衙成了重要的建筑。如今,各地遗存的官衙机构众多,除了地方政府外,还有一些专业管理机构,比如皇家档案库皇史宬、教育管理机构国子监、考试机构贡院等。

县起源于春秋时期,一直延续到现在。隋唐出现的"道"为省级行政区萌芽,元代设置行省,明改为布政使司,习惯上仍称"行省",清朝亦称"行省"。目前我国有34个省级行政区。秦始皇时期的"郡"和后来的"州"介于现在的省级与地市级之间,可以管理若干个县。

除了"古城研学"路线外,我们还特意展开了"中国古代官衙"的研学旅行。这条路线与"古诗词""古代城池"等路线一样,都是

隐形路线，要事先作好规划，融合在与它们的目的地有关的研学旅行中。

根据我们家的研学实践，我推荐以下官衙研学点。

省级官衙中，推荐直隶总督署和伊犁将军府。

直隶总督署位于河北保定。建筑坐北朝南，占地3万余平方米，分东路、中路、西路三个组成部分。衙署主体部分由五进四合院组成，各院正房均建筑在南北向的中轴线上，两侧配以左右耳房、厢房等。

总督在清代是地方最高长官，综理军民要政；有的兼管数省，如两江总督管理江苏、安徽、江西三省，有的统辖一省，如直隶总督。直隶总督因直隶省独特的地位而居全国八总督之首，权重位显，集军事、行政、盐务、河道及北洋大臣于一身，其权力已大大超过直隶省范围。一般为正二品官员，凡加尚书衔者，为从一品，统管直隶全省官吏任免、军队节制、诉讼审判、外交处理、题奏咨请、省例定制、岁计审核等军民要政，涉及政治、经济、军事方方面面，代表清政府管理一方，又向朝廷负责。

伊犁将军是清朝乾隆帝平定准部和回部之后设立的新疆地区名义上的最高军政长官，正一品武官，统辖新疆南、北两路，包括额尔齐斯河上游地区和巴尔喀什湖直到帕米尔等地的军政事务。乾隆二十七年（1762），明瑞被任命为第一任伊犁将军，1912年志锐为最后一任伊犁将军。伊犁将军有统率驻军、考察官吏、屯田置牧、组织生产、核征赋税、巡边守土等职责。1884年，新疆建省后，伊犁将军主要负责北疆防务。

伊犁将军府建于清光绪八年（1882），在今新疆霍城惠远古城内东大街,坐北朝南,是一座园林式的古建筑群,主要建筑有军府大门、将军府正殿、将军亭、东西营房、客房、书房等。

地市级官衙中,推荐霍州署、南阳府衙和淮安府衙。

知州的官职最早出现在宋代,全称为"权知某军州事","权知"意为暂时主管,"军"指该地厢军(地方部队),"州事"指该地的民政事务,可见这是一个暂时设置的兼管军民的官职。到了明代,知州变成了固定的官职,权力也仅限于管理民政事务。明清两朝州有直隶州和散州(又称属州)两个级别:直隶州属省,级别与府相同,可以辖县;散州(属州)隶属府,同县级,不辖县。

霍州署位于山西霍州东大街北侧,始建于唐代,曾为名将尉迟恭的帅府行辕。元末毁于火,明洪武四年(1371)重建,后代又屡有增补修葺。现存建筑大堂为元代原构,仪门、戒石亭为明代建筑,其余建筑则为清代所建。

"府"是古代行政区划单位,从唐朝开始设立一直延续至清朝,但保留下来的府衙也就南阳和淮安两座。南阳府衙的规制、规模要比淮安府衙完整,也是秦始皇设置郡县制以来,留下的一个完整的郡级实物标本。

南阳府衙坐落于河南南阳民主街西部北侧,始建于元。《元史·地理志》载:"南阳府,唐初为宛州,而县名南阳,后州废,以县属邓州。历五代至宋皆为县。金升为申州,元至元八年升为南阳府。"历代共有199任知府在此办公。

知府衙门现存明清建筑140余间,庭院式布局。建筑坐北向南,呈轴线对称,主从有序。中央殿堂,两侧辅助,布局多路,院落数进。中轴线两侧左文右武,左尊右卑,前堂后寝。

唯一保存完整的府署衙门——南阳府署

县级官衙中，推荐密县、内乡县、叶县和浮梁县衙。

位于河南新密的密县县衙始建于隋大业十二年（616），历经隋、唐、宋、元、明、清、民国各代，距今已有1400多年的历史，是现存历史最久的官署衙门。衙署内的监狱历代沿用，一直到2003年搬迁新址。专家称密县监狱是在中国乃至国际司法史上创造的一个奇迹。

密县县衙正堂

内乡县衙位于河南内乡县城东大街，是国内第一座衙门博物馆，也是中国古代官衙建筑的历史标本。始建于元大德八年（1304），历经元、明、清三个朝代的修缮及扩建，逐渐演变形成了一组规模庞大、气势恢宏的官衙式建筑群，有大小院落18进，房舍260余间，是中国保存最完整的古代县级官署衙门。

内乡县衙虎头牢

上图是县衙里的"虎头牢"。"虎"不是老虎,而是龙子狴犴。我的《龙族故事新编》丛书中就有一本《狴犴和獬豸断案的故事》,讲述了龙子狴犴帮助獬豸辨奸除恶的故事。

叶县县衙位于河南叶县东大街,始建于明洪武二年(1369),是目前中国现存的古代衙署中唯一的明代县衙建筑。

叶县明代县衙还是一座五品县衙,大堂前比别的县衙多了一座卷棚。卷棚是源于宫殿、庙宇中拜殿的建筑形式,在衙门作为居官者身份地位的象征,是高级别官衔在建筑上的反映。叶县县衙的卷棚与大堂前檐连接处所采用的"天沟罗锅椽勾连"搭接法,在我国古代木作技术中极为罕见。

罗锅椽

其他可以研学的官衙中，推荐绥远将军府、国子监、江南贡院、孟连宣抚司署、鲁土司衙门、蒙自海关旧址等。

绥远将军府位于内蒙古呼和浩特，是清代一品封疆大吏绥远将军办公及生活的府衙。乾隆四年（1739）建成，清廷赐名"绥远城"。衙署为砖木结构，占地约3万平方米。清朝以八旗兵分驻各省要地，称为"驻防"。驻防将军为八旗兵的最高长官。全国共有14位驻防将军，分别驻守盛京、吉林、黑龙江、绥远城、江宁、福州、杭州、荆州、西安、宁夏、伊犁、成都、广州、乌里雅苏台。绥远将军府和前文介绍的伊犁将军府保存较好，黑龙江将军府迁建到嫩江中的明月岛，余皆不存。

国子监是元、明、清三代国家设立的最高学府和教育行政管理机构，又称"太学""国子学"。北京东城区的国子监，建于元至元二十四年（1287），明清时增修。其主体建筑历经700多年依然保存完好，是唯一保存完整的古代最高学府校址。现为孔庙和国子监博物馆。

江南贡院位于南京市秦淮区夫子庙学宫东侧，又称南京贡院、建康贡院，是中国历史上规模最大、影响最广的科举考场。始建于宋乾道四年（1168），经历代修缮扩建，明清时期达到鼎盛。清同治年间，仅考试号舍就有2万多间，可接纳2万多名考生同时考试，加上附属建筑数百间，占地超过30万平方米。现为中国科举博物馆。

孟连宣抚司署坐落于云南省孟连傣族拉祜族佤族自治县的娜允古镇内。这座古建筑群保存完好，融傣、汉建筑特色于一体。它所代表的傣族世袭土司的统治，自明清延续到民国时期，历经500余年。

鲁土司衙门位于兰州市永登县连城镇。衙门始建于明洪武十一年

(1378)，是明清时期甘青地区颇具影响的鲁土司的衙门建筑群。鲁土司历经明、清、民国，自1370年一世土司到1932年改土归流，世袭十九世共21位土司。土司制度指南宋、元、明、清各王朝在部分少数民族聚居区分封各族首领世袭官职，以统治当地人民的一种制度。元朝以前，各封建王朝就已采取"以土官治土民"的办法，元朝授各族首领以宣慰使、宣抚使、安抚使、招讨使、长官等官职，又在各族聚居的府、州、县设立土官。明朝加以完善。土司除对中央政权负担规定的贡赋和征发以外，在所辖地区内保存传统的统治机构和权力。"改土归流"就是废除世袭土司，改由中央政府委派有任期的流官进行统治，实行和汉族地区相同的政治制度。

蒙自海关旧址位于云南蒙自南湖东南隅，为光绪十五年（1889）清政府设置的蒙自海关及税务司署旧址。原有房屋50余间，今仅存一幢建筑，坐南朝北，通面阔23米，通进深14米，抬梁式木结构，单檐歇山顶。

八、从清代官衙看古代等级制度——"何以中国"专题研学路线之一

"何以中国"是探讨我国古代历史、地理、文化和政治源流的综合性研学课题，可以分成若干个子项目。比如在"古代官衙研学"项目上就可以叠加"封建等级制度"的研学内容。

古代中国等级制度森严，统治者为了保证理想的社会道德秩序和完善的建筑体系，往往制定出一套典章制度或法律条款，要求人们按照在社会政治生活中的地位差别，来确定其可以使用的建筑形式和规

模。这种制度至迟出现在周代，一直延续到清朝末年，持续时间达3000余年，是中国古代社会重要的典章制度之一。

中国古代的各级城市、衙署、寺庙、第宅建筑和建筑群组层次分明、完美协调，城市布局合理分区、秩序井然，形成中国古代建筑的独特风格。

清代是中国最后一个封建王朝，等级制度发展到了极致，其官署建筑作为中国古代官署建筑留存世间的较为完整的范本，所体现出的规格形制也最能全面地反映延续3000年之久的中国古代官署建筑等级制度。

清代的地方机构分省、府、县三级，各级地方官署保存至今的已为数不多。保定直隶总督署、保定清河道署、苏州江苏巡抚衙门、淮安知府衙门、南阳府衙、内乡知县衙门这些遗存，构成了一个完整的清代各级行政机构官署建制的链条，使我们真实感受到那个逝去时代的所谓"赫赫威仪"。再加上中央集权核心的北京紫禁城，就形成了一条从中央到地方完整的中国古代四级官署衙门主题游学路线——这条研学旅行路线可以融入了解和探讨中国古代等级制度的实践项目。

故宫和直隶总督署就不再介绍了，其他的研学目的地虽有重复，但研学主题指向了"封建等级制度"，可以看作是上一条研学路线的升级版。

清河道署同样位于河北保定，是全国保存较为完整的清代道台衙门，现存建筑建于清道光年间。清河道为分巡道，全称为"分巡道直隶清河道"，始设于雍正四年（1726），管理保定、正定二府及易州、赵州、深州、冀州、定州五直隶州，并监管直隶境内的苑家口（今河北霸州城东南）以西、北京以南诸河水利事务。因清河道署的设立，保定水患消减。"群泉涌,河纵横",保定城中"水之占城十之四,渊锦舒徐,青绿弥望"。至今,保定城内的"国保"单位古莲花池一派江南园林风貌。

与直隶总督相比,道台职位低,衙门自然也就小了一号。清河道署建筑分东、中、西三路,南北方向的主轴线全长160余米。虽然规模不大,但很精致,历经百年风雨,几进院落依然保存完好,尤其是门上的镂雕,十分精美。

江苏巡抚衙门位于苏州,原为宋朝的鹤山书院,明代永乐年间改为巡抚都察院署,清代因战乱而毁,现存清同治五年(1866)重建的大门、仪门、后堂、后楼等建筑。巡抚衙门大门朝南,黑瓦硬山顶,面阔5间,长23米,进深10米。其后为同样五开间的仪门。后堂和来鹤楼构成内宅,其间曲廊相连,小园内有读易亭等园林建筑,碧沼横前,花木繁盛。

巡抚一职始自明代,原是巡视各地军政、民政事务的大臣,以"巡视天下,抚军按民"而名。在清代,巡抚成为省级地方政府长官,兼都察院右副都御史衔者为从二品,加兵部侍郎衔者为正二品,总揽一省民政、军事、吏治、刑狱等,和总督一样可以直接向朝廷上奏。

巡抚衙门之下是知府衙门。知府衙门掌一府之政令,总领各属县,凡宣布国家政令、治理百姓、审决讼案、稽察奸宄、考核属吏、征收赋税等一切政务皆为其职责。江苏巡抚辖苏州府、江宁府(今南京)、淮安府(包括盐城)、扬州府(包括泰州)、徐州府(包括宿迁)、常州府(包括无锡)、镇江府、松江府(今上海)、海门直隶厅(今南通海门区)、太仓州(今太仓)、通州(今南通)、海州(今连云港)。

淮安知府衙门位于江苏淮安。淮安府署的建筑历史可以追溯到南宋时期，现存衙门原为南宋五通庙，元为沂郯万户府。明洪武三年（1370）加以修建改造，作为淮安府的新府署，一直沿用到清末。

衙内有房屋50余幢、600余间，分东、中、西三路：中路有大堂、二堂、六科用房等，东路为迎宾游宴之所，西路为军捕厅署。大门外有石狮、照壁、牌坊等。其大堂体量为全国之最。规模宏大的淮安府署是淮安历史地位的象征和见证，值得一说的是，《西游记》的作者吴承恩，当年备受数任淮安知府的礼遇，成为知府衙门的常客。

江苏没有留存县级衙门，唯有范仲淹做过县令的兴化县复建了一处兴化县署。

清代以知县为一县的正式长官，正七品，俗称"七品芝麻官"。中国古代行政体系只及县一级，所以知县是朝廷最基层的行政官员。清代的县衙有1500多个，但是到今天只有内乡县衙保存最为完好。

内乡县衙众多的楹联中，最著名的是悬挂在三堂门两侧的一副：上联"吃百姓之饭，穿百姓之衣，莫道百姓可欺，自己也是百姓"；下联"得一官不荣，失一官不辱，勿说一官无用，地方全靠一官"。这副楹联，不但庶民百姓耳熟能详，党和国家领导人也高度称赞，曾在众多会议上即兴引用，使这副楹联名噪海内外，被视为"衙署第一联"，成为我国衙署楹联文化的一个代表。许多游客都是冲着这副楹联来参观内乡县衙的。

殷飞老师感悟

如果说前一章的各种研学旅行的资源介绍是明线，那么这一章的介绍就是研学旅行的暗线。它向我们呈现了隐藏在研学旅行课程背后的知识逻辑、文化逻辑和素养逻辑。这一章介绍的内容可以单独成为某个研学主题，串起一次完整的研学课程，如诗人李白的诗歌研学，只要时间足够，就可以从李白的出生地一直到仙逝地；这一章也可以和上一章进行融合，在某个博物馆中选择某种文化形式进行结合，如在洛阳博物馆中探寻建安文学等。

专题研学对孩子的年龄特点、知识储备以及分析能力要求不同，家长们在准备孩子的研学主题时要根据李一慢先生的建议，实事求是地斟酌与选择。

第四章
家庭研学旅行工具包与资源库

一、家庭研学旅行城市推荐

综合路线十佳城区

北京市核心区（东城区、西城区）
北京市海淀区
陕西省西安市
江苏省南京市
浙江省杭州市
湖北省武汉市
四川省成都市
广东省广州市
河南省安阳市
湖南省长沙市

专业路线十佳城区

北京市核心区(东城区、西城区)
北京市海淀区
甘肃省敦煌市
山东省曲阜市
浙江省绍兴市
安徽省黄山市
江西省井冈山市
山东省青岛市
河北省唐山市
江苏省苏州市

慢师傅的私家建议

我按照书中的多个目的地涉及率和入选率进行统计,并参考研学旅行的一些实践、感受,根据丰富性、便利度、儿童友好度等25个指标作了评分。

北京以总分243分遥遥领先,上海、南京、重庆、西安、杭州、天津在100分以上,再次是广州、成都、武汉,以上可以称为适合家庭研学旅行的十佳城市目的地。

长沙、苏州、郑州、青岛、太原、黄山、洛阳、石家庄、安阳、沈阳等10个城市可以称为优秀家庭研学旅行目的地。

这20个城市可以称得上是"闭着眼睛选",去了不后悔的家庭研学旅行城市。

二、博物馆研学分级目的地

孩子的第一次博物馆之旅

根据前文的分析和实践观察，我认为自然类、科技类和生活类的博物馆比较适合做入门级的博物馆研学目的地。

一级博物馆中的自然博物馆有北京自然博物馆、北京天文馆、天津自然博物馆、吉林省自然博物馆、浙江自然博物馆、四川自贡恐龙博物馆、重庆自然博物馆以及山东博物馆中的自然馆、深圳博物馆和温州博物馆里的自然馆，这些都是孩子们流连忘返的博物馆。

一级博物馆中的中国科学技术馆、上海科技馆，它们是我国科技馆中的佼佼者。一级博物馆中还有中国人民革命军事博物馆、中国地质博物馆、中国航空博物馆、中国农业博物馆、中国煤炭博物馆、中国丝绸博物馆、泉州海外交通史博物馆、广东民间工艺博物馆、广西民族博物馆、四川自贡市盐业历史博物馆、云南民族博物馆、宝鸡青铜器博物馆等行业博物馆，也是很容易吸引孩子兴趣的。

二级博物馆中的自然博物馆有吉林市博物馆/陨石博物馆、大兴安岭资源馆、黑龙江流域博物馆、南京地质博物馆、安徽省地质博物馆、河源市博物馆/河源恐龙博物馆、广西壮族自治区自然博物馆、成都华希昆虫博物馆、昆明动物博物馆、陕西自然博物馆、西北农林大学农林博物馆、和政古动物化石博物馆，以及河北省科学技术馆、鞍钢集团博物馆、宁波中国港口博物馆、中国海军博物馆空降兵军史馆，这些也都对孩子很有吸引力。

三级博物馆中的靖宇火山矿泉群地质博物馆、嘉荫神州恐龙博物馆、伊春森林博物馆、庆元县香菇博物馆、湖北地质博物馆、地质大学武汉逸夫博物馆、深圳古生物博物馆、广西地质博物馆、禄丰恐龙博物馆、贺兰山自然博物馆、宁夏地质博物馆等也都各具特色。

还没有评级的地质科学类博物馆，有很多也是不错的选择，如中国第四纪冰川遗迹陈列馆、南京天文历史博物馆、陕西科学技术馆、河北地质大学地球科技博物馆、江西省地质博物馆、山东省地质博物馆、河南省地质博物馆、江西矿冶博物馆、大冶铁矿博物馆、鄂尔多斯恩格贝沙漠博物馆、宁夏沙漠博物馆、黄河博物馆、淮河博物馆、宁夏水利博物馆、云南大学人类学博物馆等。

同样还没有评上级，但是非常适合儿童去的博物馆还有以下几种类型：

第一种是"小恐龙迷"最爱的博物馆，包括中国古动物馆、鄂托克查布恐龙博物馆、烟台市自然博物馆、郑州自然博物馆、贵州古生物化石博物馆、贵州龙博物馆、灵武恐龙化石博物馆、陕西自然博物馆等。

第二种是孩子们喜爱的生物博物馆，包括中国科学院动物研究所标本展示馆、中国蜜蜂博物馆、上海昆虫博物馆、大连贝壳博物馆、南京古生物博物馆、上饶县昆虫博物馆、武汉康思农蜜蜂博物馆、宁夏昆虫馆等。

第三种是"好吃的博物馆"，包括北京西瓜博物馆、淮北石榴博物馆、淮北豆腐博物馆、宁夏菜园文化博物馆、成都川菜博物馆、伊利草原乳文化博物馆、嘉兴粽子博物馆等。

第四种是"好玩的博物馆",包括北京航空航天博物馆、中国印刷博物馆、中国钱币博物馆、坦克博物馆、北京警察博物馆、中国妇女儿童博物馆、上海儿童博物馆、北京百工博物馆、北京空竹博物馆、上海动漫博物馆、上海金刚博物馆、南京中华指纹博物馆、杭州中国刀剪剑博物馆、竹子博物馆、淄博足球博物馆、潍坊风筝博物馆、陕西体育博物馆、中国彩灯博物馆、白鹤梁水下博物馆、景德镇瓷器工业遗址博物馆、杭州南宋官窑博物馆、秦皇岛市玻璃博物馆、上海理工大学印刷博物馆、金溪浒湾雕版印刷博物馆、张之洞与武汉博物馆等。

有了基础和兴趣后的研学目的地

在有了一定的博物馆研学经验,或者是孩子成为小学生以后,可以根据孩子的学习兴趣前往人文类博物馆研学。

一级博物馆中的名人、历史、遗址博物馆、纪念馆和陈列馆就属于这样的类型。包括北京鲁迅博物馆、周恩来邓颖超纪念馆、上海鲁迅纪念馆、陈云纪念馆、韶山毛泽东故居纪念馆、刘少奇故居纪念馆、孙中山故居纪念馆、孔子博物馆、成都武侯祠博物馆、成都杜甫草堂博物馆、邓小平故居陈列馆等。

等到孩子上了学,学了历史,经历过几次集体研学之后,以下博物馆也适合去夯实一下学科知识:中国人民抗日战争纪念馆、西柏坡纪念馆、八路军太行纪念馆、"九·一八"历史博物馆、抗美援朝纪念馆、伪满皇宫博物院、东北烈士纪念馆、铁人王进喜纪念馆、瑷珲历史陈列馆、中共一大会址纪念馆、侵华日军南京大屠杀遇难同胞纪念馆、古田会议纪念馆、中央苏区闽西历史博物馆、井冈山革命博物馆、瑞金中央革命根据地纪念馆、南昌八一起义纪念馆、安源路矿工人运动纪念馆、中国甲午战争博物馆、鄂豫皖苏区首府革命博物馆、辛亥革命武昌起义纪念馆、武汉市中山舰博物馆、遵义会议纪念馆、重庆红岩革命历史博物馆、延安革命纪念馆等红色博物馆。

还有一些遗址博物馆，包括周口店猿人遗址博物馆、西汉南越王博物馆、三星堆博物馆、成都金沙遗址博物馆、秦始皇兵马俑博物馆、西安半坡博物馆、汉阳陵博物馆、大唐西市博物馆、西安碑林博物馆等，也都是很受大人孩子欢迎的博物馆。

孩子有文科倾向，或者是我们想让孩子增加一些文学方面的见识和修养，那么可以去一些文学类博物馆，包括孔子博物院、秭归屈原纪念馆、韩城市司马迁墓祠博物馆、贾谊故居纪念馆、蔡伦纪念馆、武则天纪念馆、李白纪念馆、李白墓园博物馆、济宁李白纪念馆、安陆李白纪念馆、江油李白纪念馆、白帝城博物馆、九江陶渊明纪念馆、绍兴陆游纪念馆、九江周敦颐纪念馆、眉州三苏祠博物馆、修水黄庭坚纪念馆、司马光故居纪念馆、抚州王安石纪念馆、北京文天祥祠、温州文天祥纪念馆、安国关汉卿纪念馆、岳飞纪念馆、王船山纪念馆、汤显祖纪念馆、施耐庵纪念馆、洪亮吉纪念馆、徐霞客旅游博物馆、吴敬梓纪念馆、龚自珍纪念馆、曹雪芹纪念馆、淄博蒲松龄故居、北京蒲松龄纪念馆、天津梁启超纪念馆、中国现代文学馆、北京鲁迅博物馆、上海鲁迅纪念馆、浙江绍兴鲁迅纪念馆、郭沫若纪念馆、北京茅盾故居、桐乡茅盾纪念馆、巴金纪念馆、北京老舍纪念馆、福建冰心文学馆、烟台冰心故居、桐乡丰子恺纪念馆、艾青纪念馆、江苏东海朱自清故居、江苏扬州朱自清故居、无锡钱钟书故居、呼兰萧红纪念馆、凌海市萧军纪念馆、枣庄贺敬之文学馆、周立波故居纪念馆、梁实秋纪念馆、福建漳州林语堂纪念馆、山西晋城赵树理文学馆、河南邓州姚雪垠文学馆等有关文学家的博物馆，以及骆驼祥子博物馆、四世同堂纪念馆、暴风骤雨纪念馆、聊斋园等文学作品博物馆。学生时代是培养阅读兴趣、提高阅读水平的重要阶段，与文学大家"相会"在博物馆，会帮助孩子更深入地了解作家和作品。

除了上面的文学博物馆，还有"文艺范儿"博物馆，比如北京人民艺术剧院戏剧博物馆、天津戏剧博物馆、曹禺故居纪念馆、北京戏曲博物馆、梅兰芳纪念馆、中国昆曲博物馆、苏州评弹博物馆、无锡锡剧博物馆、江苏淮剧博物馆、越剧博物馆、中国黄梅戏博物馆、温州南戏博物馆、成都川剧艺术博物馆、重庆川剧博物馆、无锡民乐博物馆、阿炳纪念馆、歙县徽班纪念馆、河南戏曲声音博物馆、吉林省东北二人转博物馆、黑龙江音乐博物馆、上海音乐学院东方乐器博物馆、湖北音乐博物馆、国歌纪念馆、昆明聂耳纪念馆、中国电影博物馆、上海电影博物馆、河南电影博物馆、吉林国际动漫博物馆等戏剧戏曲音乐电影类博物馆。

中国画在世界美术领域中自成体系，家长可以带孩子去北京艺术博物馆、吴昌硕纪念馆、齐白石纪念馆、徐悲鸿纪念馆、张大千纪念馆、傅抱石纪念馆、李可染旧居、潘天寿故居、叶浅予艺术馆、张乐平纪念馆、韩美林艺术馆等书画艺术博物馆学习感受。

除了精神文化类的博物馆，还有一些关于我国独特的物质文明的博物馆也可以前往参观：中国湖笔博物馆、黄山市徽墨文房博物馆、中国宣纸博物馆、耒阳纸博物馆、蔡伦纸文化博物馆、海峡纸博物馆、夹江手工造纸博物馆、高黎贡手工造纸博物馆、南京金陵刻经处、中国丝绸博物馆、苏州丝绸博物馆、四川丝绸博物馆、蚕桑丝绸博物馆等传统物质文化博物馆。

以上这些可以统称为"文"的博物馆，有"文"的博物馆就有"武"的博物馆，比如：坦克博物馆、大连潜艇博物馆、成都直升机博物馆、焦庄户地道战遗址纪念馆、冉庄地道战纪念馆、上海铁路博物馆、上海地铁博物馆、上海汽车博物馆、上海隧道科技馆、云南铁路博物馆、扎赉诺尔蒸汽机车博物馆、上海体育学院中国武术博物馆、霍元甲纪念馆、吕梁北武当古兵器博物馆等。

其中的武器类军事博物馆非常受男孩子的喜爱。

三、家庭研学旅行设计参考资料

推荐书籍及纪录片

书籍

作为入门书，不需要太多，多了会畏难，也感觉看不完。我向大家推荐以下几本。

文化基础知识方面，推荐王力教授主编的关于中国古代文化的通论性经典作品——《中国古代文化常识》。这本书在编写时汇集了当时古代文化研究领域的众多专家参与审阅工作，如王力、丁声树、朱文叔、洪诚、殷孟伦、陆宗达、张清常、冯至、魏建功、姜亮夫、叶圣陶等。该书自1961年出版后广受欢迎，并进行过多次修订，吸收了文化发展和科学研究的最新成果。全书分天文、历法、乐律、地理、职官、科举、姓名、礼俗、宗法、宫室、车马、饮食、衣饰、什物等十四章。

《中国古代文化常识》最新版是第四版。有三种不同的版本满足不同读者需求：红色封面是单色简本，白色封面是口袋本，黄色封面是彩色插图本。

中国文学方面，可以选侯会的《讲给孩子的中国文学经典》。我家是老版本，一天一篇，我和孩子们共读了两年。新版本也建议通过共读的方式，从孩子感兴趣的人、作品和朝代入手。还可以配合统编版语文教科书来阅读——家长提前读一读，了解被选入教科书的篇目，有助于更好地帮助孩子的课业。

史地方面，推荐轻松一点儿的《简明中国历史地图集》。我儿子夸赞其为他"最喜欢的书"。这本书本身也是"史地不分家"的最好载体。

艺术方面入门书很多，各个具体艺术门类的都有不少。我推荐一本美学入门书《中国美学十五讲》。这是《名家通识讲座书系》中的一本，我希望家长们通过阅读这一本书，进入一系列的通识阅读中，继而发现同一系列中的很多"十五讲"。特别是其中的《中国哲学十五讲》，这也是我推荐的一本哲学入门书。

纪录片

我发现，与研学有关的人文或科技纪录片的拍摄和传播，也是教育部门、宣传部门的一项重要工作。20世纪80年代最受欢迎的电视纪录片《话说长江》，让我们第一次通过观看电视这种方式实现了人文地理综合性内容的可视化"阅读"。后来衍生出的《话说黄河》，还有接续的《再说长江》，到《舌尖上的中国》《影响世界的中国植物》《国家宝藏》等，再到《典籍中的中国》《宗师列传·唐宋八大家》，都是视觉效果一流、讲述对象更适合孩子的通识纪录片。

从《话说长江》开始，中央电视台制作了众多的国家地理、人文纪录片，有长达 100 集的《中国通史》，有细说某个朝代的，如《夏商周断代工程》，有从特定区域切入的《敦煌》和《河西走廊》，有从单个人物入手的《苏东坡》和《玄奘之路》，还有从《古代国家工程》到《大国崛起》《大国工匠》《大国重器》和《超级工程》……题材广泛，与我们很多的家庭研学主题都能关联起来。我们在研学旅行前、中、后都可以全家共赏，作为研学旅行的背景知识。

从博物馆研学的角度，我推荐《国家宝藏》《如果国宝会说话》《我在故宫修文物》和《国之重器》等四档节目。

从世界遗产研学的角度，我推荐中央电视台历时七年拍摄的国内第一部系统性的、集中性的、关于 2008 年之前列入联合国《世界遗产名录》的文化自然以及非物质遗产的高清纪录片《世界遗产在中国》。

从国家考古公园的角度，我推荐《二十世纪中国重大考古发现》。

我推荐的其他类别纪录片还有：能与"长江诗词之旅"匹配的《诗词中国》《跟着唐诗去旅行》《诗话江南》《人文地理——李白在安陆》《梦回眉州》《镇江》《诗话镇江》；能与"三国行"匹配的《三国的世界》《国宝话三国》《汉中栈道》；能与"龙的传人"匹配的《中华龙》《玉龙寻踪》；能与"灯塔行"匹配的《中国航标》；以及《青铜王朝》《大秦岭》《中国艺术》《北京中轴线》《中国名街》《晋祠之谜》等。

57 处世界遗产

世界文化遗产　39 处

长城（吉林、辽宁、河北、天津、北京、山东、河南、山西、陕西、甘肃、宁夏、青海、内蒙古、新疆、湖北、湖南、四川，1987）

莫高窟（甘肃敦煌，1987）

明清皇宫（北京故宫，北京，1987；沈阳故宫，辽宁沈阳，2004）

秦始皇陵及兵马俑坑（陕西西安，1987）

周口店北京人遗址（北京，1987）

布达拉宫历史建筑群（西藏拉萨；布达拉宫，1994；大昭寺，2000；罗布林卡，2001）

承德避暑山庄及周围寺庙（河北承德，1994）

曲阜孔府、孔庙、孔林（山东济宁，1994）

武当山古建筑群（湖北十堰，1994）

庐山（江西九江，1996）

丽江古城（云南丽江，1997）

平遥古城（山西晋中，1997）

苏州古典园林（江苏苏州，1997，2000）

天坛（北京，1998）

颐和园（北京，1998）

大足石刻（重庆，1999）

龙门石窟（河南洛阳，2000）

明清皇家陵寝（明显陵/湖北荆门、清东陵/河北唐山、清西陵/

河北保定，2000；明孝陵/江苏南京、明十三陵/北京，2003；盛京三陵/辽宁沈阳、抚顺，2004）

青城山—都江堰（四川成都，2000）

皖南古村落（西递、宏村）（安徽黄山，2000）

云冈石窟（山西大同，2001）

高句丽王城、王陵及贵族墓葬（吉林通化、辽宁本溪，2004）

澳门历史城区（澳门，2005）

安阳殷墟（河南安阳，2006）

开平碉楼与村落（广东江门，2007）

福建土楼（福建龙岩、漳州，2008）

五台山（山西忻州，2009）

"天地之中"历史建筑群（河南郑州，2010）

杭州西湖文化景观（浙江杭州，2011）

元上都遗址（内蒙古锡林郭勒，2012）

红河哈尼梯田文化景观（云南红河，2013）

中国大运河（北京、天津、河北、山东、河南、安徽、江苏、浙江，2014）

丝绸之路：长安—天山廊道的路网（河南、陕西、甘肃、新疆，2014）

土司遗址（湖南湘西、湖北恩施、贵州遵义，2015）

左江花山岩画文化景观（广西崇左，2016）

鼓浪屿：历史国际社区（福建厦门，2017）

良渚古城遗址（浙江杭州，2019）

泉州：宋元中国的世界海洋商贸中心（福建泉州，2021）

普洱景迈山古茶林文化景观（云南普洱，2023）

世界自然遗产　14 处

黄龙（四川阿坝，1992）

九寨沟（四川阿坝，1992）

武陵源（湖南张家界，1992）

三江并流保护区（云南丽江、迪庆、怒江，2003）

四川大熊猫栖息地（四川成都、雅安、阿坝、甘孜，2006）

中国南方喀斯特（云南昆明，贵州黔南，重庆，2007；重庆，贵州黔东南，广西桂林、河池，2014）

三清山（江西上饶，2008）

中国丹霞（贵州、福建、湖南、广东、江西、浙江，2010）

澄江化石地（云南玉溪，2012）

新疆天山（新疆，2013）

神农架（湖北，2016）

可可西里（青海、西藏，2017）

梵净山（贵州铜仁，2018）

中国黄（渤）海候鸟栖息地（第一期）（江苏盐城，2019）

世界文化与自然双重遗产　4 处

泰山（山东泰安，1987）

黄山（安徽黄山，1990）

峨眉山—乐山大佛（四川乐山，1996）

武夷山（福建南平，1999；江西上饶，2017）

国家一级博物馆

北京　18 家

故宫博物院
中国科学技术馆
中国地质博物馆
中国人民革命军事博物馆
中国航空博物馆
北京鲁迅博物馆
首都博物馆
北京自然博物馆（2023 年 1 月更名为国家自然博物馆）
中国人民抗日战争纪念馆
周口店遗址博物馆
中国国家博物馆
中国农业博物馆
北京天文馆
恭王府博物馆
中国印刷博物馆
中国电影博物馆
北京汽车博物馆
清华大学艺术博物馆

天津　4 家

天津博物馆

天津自然博物馆

周恩来邓颖超纪念馆

平津战役纪念馆

河北　3家

河北博物院

西柏坡纪念馆

邯郸市博物馆

山西　6家

山西博物院

中国煤炭博物馆

八路军太行纪念馆

大同市博物馆

山西地质博物馆

临汾市博物馆

内蒙古　3家

内蒙古博物院

鄂尔多斯博物馆

赤峰博物馆

辽宁　6家

辽宁省博物馆

"九·一八"历史博物馆

旅顺博物馆

沈阳故宫博物院

大连博物馆

大连自然博物馆

吉林　3家

吉林省自然博物馆

吉林省博物院

伪满皇宫博物院

黑龙江　6家

东北烈士纪念馆

铁人王进喜纪念馆

黑河市瑷珲历史陈列馆

黑龙江省博物馆

大庆博物馆

黑龙江省民族博物馆

上海　7家

上海博物馆

上海鲁迅纪念馆

中国共产党第一次全国代表大会会址纪念馆

上海科技馆

陈云纪念馆
中国航海博物馆
上海市龙华烈士纪念馆

江苏　13家

南京博物院
侵华日军南京大屠杀遇难同胞纪念馆
南通博物苑
苏州博物馆
扬州博物馆
常州博物馆
南京市博物总馆
南京中国科举博物馆
雨花台烈士纪念馆
无锡博物院
徐州博物馆
常熟博物馆
镇江博物馆

浙江　13家

浙江省博物馆
浙江自然博物院
中国丝绸博物馆
宁波博物馆

杭州博物馆

温州博物馆

杭州西湖博物馆总馆

中国茶叶博物馆

杭州工艺美术博物馆

宁波市天一阁博物馆

宁波中国港口博物馆

南湖革命纪念馆

舟山博物馆

安徽　6家

安徽省博物馆

安徽中国徽州文化博物馆

安徽省地质博物馆

淮北市博物馆

宿州市博物馆

蚌埠市博物馆

福建　5家

福建博物院

古田会议纪念馆

泉州海外交通史博物馆

中国闽台缘博物馆

中央苏区（闽西）历史博物馆

江西　11 家

井冈山革命博物馆
江西省博物馆
瑞金中央革命根据地纪念馆
南昌八一起义纪念馆
安源路矿工人运动纪念馆
八大山人纪念馆
九江市博物馆
江西省庐山博物馆
赣州市博物馆
景德镇中国陶瓷博物馆
萍乡博物馆

山东　18 家

青岛市博物馆
中国甲午战争博物馆
青州博物馆
山东博物馆
烟台市博物馆
潍坊市博物馆
孔子博物馆
济南市博物馆
济南市章丘区博物馆

山东大学博物馆

青岛啤酒博物馆

青岛山炮台遗址展览馆

淄博市陶瓷博物馆

齐文化博物院

山东省滕州市博物馆

滕州市汉画像石馆

济宁市博物馆

临沂市博物馆

河南　9家

河南博物院

郑州博物馆

洛阳博物馆

南阳汉画馆

开封市博物馆

鄂豫皖苏区首府革命博物馆

中国文字博物馆

平顶山博物馆

安阳博物馆

湖北　9家

湖北省博物馆

荆州博物馆

武汉博物馆
辛亥革命武昌起义纪念馆
武汉市中山舰博物馆
武汉革命博物馆
长江文明馆
宜昌博物馆
随州市博物馆

湖南　6 家

湖南博物院
韶山毛泽东故居纪念馆
刘少奇故居纪念馆
长沙简牍博物馆
长沙市博物馆
胡耀邦同志纪念馆

广东　10 家

广东省博物馆
西汉南越王博物馆
孙中山故居纪念馆
深圳博物馆
广州博物馆
广东民间工艺博物馆
广州艺术博物院

广东中国客家博物馆

鸦片战争博物馆

广东海上丝绸之路博物馆

广西　3家

广西壮族自治区博物馆

广西民族博物馆

桂林博物馆

海南　2家

海南省博物馆

中国（海南）南海博物馆

四川　12家

自贡恐龙博物馆

三星堆博物馆

成都武侯祠博物馆

邓小平故居陈列馆

成都杜甫草堂博物馆

四川博物院

成都金沙遗址博物馆

自贡市盐业历史博物馆

成都博物馆

四川省建川博物馆

5·12 汶川特大地震纪念馆
朱德同志故居纪念馆

贵州　4 家

遵义会议纪念馆
贵州省博物馆
贵州省民族博物馆
四渡赤水纪念馆

云南　2 家

云南省博物馆
云南民族博物馆

重庆　5 家

重庆中国三峡博物馆
重庆红岩革命历史博物馆
重庆自然博物馆
重庆三峡移民纪念馆
大足石刻博物馆

西藏　1 家

西藏博物馆

陕西　9 家

陕西历史博物馆

秦始皇兵马俑博物馆
延安革命纪念馆
汉景帝阳陵博物院
西安碑林博物馆
西安半坡博物馆
西安博物院
宝鸡青铜器博物院
西安大唐西市博物馆

甘肃　4家

甘肃省博物馆
天水市博物馆
敦煌研究院
平凉市博物馆

宁夏　2家

固原博物馆
宁夏博物馆

青海　2家

青海省博物馆
中国藏医药文化博物馆

新疆　2家

新疆维吾尔自治区博物馆

吐鲁番博物馆

5A 级景区

截至 2022 年底，文化和旅游部共确定了 319 个国家 5A 级旅游景区。我结合前文"慢师傅的私家建议"中推荐的 20 个优秀家庭研学旅行城市，列出这些城市的共 63 个 5A 级景区，供大家参考。这些景区中，有的是人文底蕴深厚的古代建筑、园林，与学科研学相关联的野生动物园、科技馆；有的是真正的天然风景区，可以感受大自然的神奇魅力；还有的是像东方明珠广播电视塔、长隆那样的休闲观光目的地。

更多的 5A 级景区，可以在中华人民共和国文化和旅游部的官网进行查询。

北京　8 处

东城区故宫博物院
东城区天坛公园
海淀区颐和园
八达岭—慕田峪长城旅游区
昌平区明十三陵景区
西城区恭王府景区
朝阳区奥林匹克公园
海淀区圆明园景区

上海　4 处

浦东新区东方明珠广播电视塔

浦东新区上海野生动物园

浦东新区上海科技馆

中国共产党一大·二大·四大纪念馆景区

南京　2 处

南京市玄武区钟山风景名胜区—中山陵园风景区

南京市秦淮区夫子庙—秦淮风光带景区

重庆　11 处

大足区大足石刻景区

巫山县小三峡—小小三峡旅游区

武隆区喀斯特（天生三桥·仙女山·芙蓉洞）旅游区

酉阳土家族苗族自治县桃花源旅游景区

綦江区万盛黑山谷风景区

南川区金佛山景区

江津区四面山景区

云阳龙缸景区

彭水苗族土家族自治县阿依河景区

黔江区濯水景区

奉节县白帝城·瞿塘峡景区

西安　5 处

西安市临潼区秦始皇兵马俑博物馆
西安市临潼区华清池景区
西安市雁塔区大雁塔·大唐芙蓉园景区
西安市城墙·碑林历史文化景区
西安市大明宫旅游景区

杭州　3 处

杭州市西湖区西湖风景名胜区
杭州市淳安县千岛湖风景区
杭州市西溪国家湿地公园

天津　2 处

南开区古文化街旅游区（津门故里）
蓟州区盘山风景名胜区

广州　2 处

广州市番禺区长隆旅游度假区
广州市白云区白云山景区

成都　2 处

成都市都江堰市青城山—都江堰旅游景区
成都市大邑县安仁古镇景区

武汉　3处

武汉市武昌区黄鹤楼公园

武汉市东湖生态旅游风景区

武汉市黄陂区木兰文化生态旅游区

长沙　2处

长沙市岳麓区岳麓山·橘子洲旅游区

长沙市宁乡市花明楼景区

苏州　6处

苏州市姑苏区苏州古典园林（拙政园、虎丘山、留园）

苏州市昆山市周庄古镇景区

苏州市吴江区同里古镇景区

苏州市吴中区金鸡湖景区

苏州市吴中区吴中太湖旅游区

苏州市常熟市沙家浜·虞山尚湖旅游区

郑州　1处

郑州市登封市嵩山少林景区

青岛　1处

青岛市崂山区崂山景区

黄山　3处

黄山市黄山风景区
黄山市黟县皖南古村落—西递宏村
黄山市徽州区古徽州文化旅游区

洛阳　4处

洛阳市洛龙区龙门石窟景区
洛阳市嵩县白云山景区
洛阳市栾川县老君山·鸡冠洞旅游区
洛阳市新安县龙潭大峡谷景区

石家庄　1处

石家庄平山县西柏坡景区

安阳　2处

安阳市殷都区殷墟景区
安阳市林州市红旗渠·太行大峡谷旅游景区

沈阳　1处

沈阳市浑南区沈阳市植物园（沈阳世博园）

国家考古遗址公园

第一批　共 12 项（2010 年）

北京圆明园国家考古遗址公园

北京周口店国家考古遗址公园

吉林集安高句丽国家考古遗址公园

江苏鸿山国家考古遗址公园

浙江良渚国家考古遗址公园

河南殷墟国家考古遗址公园

河南隋唐洛阳城国家考古遗址公园

四川三星堆国家考古遗址公园

四川金沙国家考古遗址公园

陕西阳陵国家考古遗址公园

陕西秦始皇陵国家考古遗址公园

陕西大明宫国家考古遗址公园

第二批　共 12 项（2013 年）

辽宁牛河梁国家考古遗址公园

吉林渤海中京国家考古遗址公园

黑龙江渤海上京国家考古遗址公园

江西御窑厂国家考古遗址公园

山东曲阜鲁国故城国家考古遗址公园

山东大运河南旺枢纽国家考古遗址公园

河南汉魏洛阳故城国家考古遗址公园

湖北熊家冢国家考古遗址公园

湖南长沙铜官窑国家考古遗址公园

广西甑皮岩国家考古遗址公园

重庆钓鱼城国家考古遗址公园

新疆北庭故城国家考古遗址公园

第三批　共 12 处（2017 年）

河北元中都国家考古遗址公园

浙江大窑龙泉窑国家考古遗址公园

浙江上林湖越窑国家考古遗址公园

安徽明中都皇故城国家考古遗址公园

福建万寿岩国家考古遗址公园

山东城子崖国家考古遗址公园

江西吉州窑国家考古遗址公园

河南郑韩故城国家考古遗址公园

湖北盘龙城国家考古遗址公园

湖南城头山国家考古遗址公园

陕西汉长安城未央宫国家考古遗址公园

宁夏西夏陵国家考古遗址公园

第四批　共 19 处（2022 年）

河北泥河湾国家考古遗址公园

河北赵王城国家考古遗址公园

河北邺城国家考古遗址公园

内蒙古辽上京国家考古遗址公园

浙江安吉古城国家考古遗址公园

安徽凌家滩国家考古遗址公园

福建城村汉城国家考古遗址公园

江西汉代海昏侯国国家考古遗址公园

河南仰韶村国家考古遗址公园

河南二里头国家考古遗址公园

河南郑州商城国家考古遗址公园

湖北屈家岭国家考古遗址公园

湖北龙湾国家考古遗址公园

湖南炭河里国家考古遗址公园

广西靖江王府及王陵国家考古遗址公园

四川邛窑国家考古遗址公园

陕西石峁国家考古遗址公园

陕西统万城国家考古遗址公园

陕西乾陵国家考古遗址公园

第一批中国历史文化街区

北京市皇城历史文化街区

北京市大栅栏历史文化街区

北京市东四三条至八条历史文化街区

天津市五大道历史文化街区

吉林省长春市第一汽车制造厂历史文化街区

黑龙江省齐齐哈尔市昂昂溪区罗西亚大街历史文化街区

上海市外滩历史文化街区

江苏省南京市梅园新村历史文化街区

江苏省南京市颐和路历史文化街区

江苏省苏州市平江历史文化街区

江苏省苏州市山塘街历史文化街区

江苏省扬州市南河下历史文化街区

浙江省杭州市中山中路历史文化街区

浙江省龙泉市西街历史文化街区

浙江省兰溪市天福山历史文化街区

浙江省绍兴市蕺山（书圣故里）历史文化街区

安徽省黄山市屯溪区屯溪老街历史文化街区

福建省福州市三坊七巷历史文化街区

福建省泉州市中山路历史文化街区

福建省厦门市鼓浪屿历史文化街区

福建省漳州市台湾路—香港路历史文化街区

湖北省武汉市江汉路及中山大道历史文化街区

湖南省永州市柳子街历史文化街区

广东省中山市孙文西历史文化街区

广西壮族自治区北海市珠海路—沙脊街—中山路历史文化街区

重庆市沙坪坝区磁器口历史文化街区

四川省阆中市华光楼历史文化街区

云南省石屏县古城区历史文化街区

新疆维吾尔自治区库车县热斯坦历史文化街区

新疆维吾尔自治区伊宁市前进街历史文化街区

第一批全国研学旅游示范基地

2016年，国家旅游局下发《关于公布首批"中国研学旅游目的地"和"全国研学旅游示范基地"的通知》，决定授予北京市海淀区、浙江省绍兴市、安徽省黄山市、江西省井冈山市、山东省曲阜市、河南省安阳市、湖北省神农架区、广西壮族自治区桂林市、四川省绵阳市、甘肃省敦煌市等10个城市（区）"中国研学旅游目的地"称号，授予北京市卢沟桥中国人民抗日战争纪念馆等20家单位"全国研学旅游示范基地"称号。

附： **全国研学旅游示范基地名单（20家）**

北京	卢沟桥中国人民抗日战争纪念馆
天津	滨海航母主题公园
河北	石家庄市西柏坡纪念馆
山西	太原市中国煤炭博物馆
内蒙古	赤峰市克什克腾世界地质公园
吉林	长春市长影旧址博物馆
上海	上海科技馆
江苏	侵华日军南京大屠杀遇难同胞纪念馆
浙江	绍兴市三味书屋—鲁迅故里
安徽	宣城市中国宣纸文化园

山东	曲阜市三孔景区
河南	安阳市红旗渠景区
湖北	宜昌市三峡工程旅游区
广西	桂林市龙脊梯田景区
重庆	红岩景区
四川	成都市都江堰旅游景区
云南	中国科学院西双版纳热带植物园
陕西	陕西历史博物馆
甘肃	酒泉市中国酒泉卫星发射中心
宁夏	贺兰山市岩画遗址公园

全国中小学生研学实践教育基地

2017年12月6日，教育部公布第一批全国中小学生研学实践教育基地名单，命名中国人民革命军事博物馆等204个单位为"全国中小学生研学实践教育基地"。

这份名单是推荐制，是在国家有关基地主管部门和各省级教育行政部门推荐基础上，经专家评议，营地实地核查及综合评定出来的，所以会有行业和区域属性特点。具体名单如下：

中央有关部门推荐

中央军委

中国人民革命军事博物馆（北京）

31699 部队雷锋纪念馆（辽宁抚顺）

中国海军博物馆（山东青岛）

中国航空博物馆（北京）

空军航空大学航空馆（吉林长春）

天安门国旗护卫队（北京）

工业和信息化部

北京航空航天大学（航空航天博物馆、"月宫一号"综合实验装置）（北京）

上海无线电科普教育基地（上海）

公安部

中国消防博物馆（北京）

国家安全部

河北西柏坡中央社会部旧址暨国家安全教育馆（河北石家庄）

陕西延安中央社会部旧址（陕西延安）

国土资源部

中国地质博物馆（北京）

李四光纪念馆（北京）

环境保护部

北京学生活动管理中心（北京教学植物园）（北京）

住房和城乡建设部

黄山风景区（安徽黄山）

交通运输部

大连海事大学（辽宁大连）

水利部

水利部丹江口水利枢纽管理局丹江口工程展览馆（湖北丹江口）
黄河小浪底水利枢纽风景区（河南洛阳）
中国水利博物馆（浙江杭州）
水利部科技推广中心华东智慧灌溉科技推广示范基地（上海）
水利部节水灌溉示范基地（北京）

农业部

全国农业展览馆（北京）
中国水产科学研究院东海水产研究所（上海）

国务院国有资产监督管理委员会

鞍钢集团博物馆（辽宁鞍山）
中华航天博物馆（北京）
中国海洋石油工业展览馆（北京）
中国核工业科技馆（北京）

文化部

故宫博物院（北京）

中国国家博物馆（北京）

国家质量监督检验检疫总局

中家院（北京）检测认证有限公司（北京）

中国检验检疫科学研究院（北京）

上海市质量监督检验技术研究院（上海）

国家医学媒介生物监测检测重点实验室（辽宁）（辽宁大连）

国家旅游局

中关村智造大街（北京）

西柏坡纪念馆（河北石家庄）

平遥古城（山西晋中）

临汾市黄河壶口瀑布风景名胜区（山西临汾）

内蒙古玉龙沙湖国际生态文化旅游区（内蒙古赤峰）

沙家浜风景区（江苏苏州）

杭州西溪国家湿地公园（浙江杭州）

武钢工业文化区（湖北武汉）

重庆南川金佛山景区（第二课堂科技营地）（重庆）

邓小平故居（四川广安）

华蓥山旅游区（四川广安）

遵义 1964 文化创意园（贵州遵义）

西藏自然科学博物馆（西藏拉萨）

中国科学院

中国科学院上海植物生理生态研究所（上海）
中国科学院南京地理与湖泊研究所（江苏南京）
中国科学院西双版纳热带植物园（云南西双版纳）
中国科学院青海盐湖研究所（青海西宁）
中国科学院武汉植物园（湖北武汉）
中国科学院华南植物园（广东广州）

中国工程院

中国工程院（北京）

中国地震局

国家地震紧急救援训练基地（北京）
北京国家地球观象台（北京）
山东省防震减灾科普馆（山东济南）
5·12汶川特大地震纪念馆（四川绵阳）

中国气象局

中国北极阁气象博物馆（江苏南京）
广州市花都区气象天文科普馆（广东广州）
贵州省黔东南州气象台（贵州黔东南）

国家国防科技工业局

中国航天三江集团公司（湖北武汉）
中国航发贵州黎阳航空发动机有限公司（贵州贵阳）
哈军工纪念馆（黑龙江哈尔滨）

国家海洋局

国家海洋博物馆（天津）
青岛鲁海丰海洋牧场（山东青岛）
琼海市博鳌镇（海南琼海）
厦门大学附属科技中学（福建厦门）

国家文物局

湖南韶山毛泽东同志纪念馆（湖南湘潭）
拉萨布达拉宫历史建筑群（西藏拉萨）
曲阜孔庙、孔林和孔府（山东济宁）

三峡工程建设委员会

中国长江三峡集团公司（北京，湖北宜昌）

南水北调工程建设委员会

南水北调中线干线北京市房山区大石窝镇惠南庄泵站（北京）
南水北调中线干线河南省郑州市温县孤柏嘴穿黄工程（河南郑州）

共青团中央

全国青少年延安革命传统教育基地（陕西延安）

全国青少年长白山革命传统教育基地（吉林延边）

全国青少年井冈山革命传统教育基地（江西井冈山）

平型关大捷纪念馆（山西大同）

杭州（国际）青少年洞桥营地（浙江杭州）

北京昌平砺志国防教育培训学校（北京）

北川三秒应急安全体验中心（四川绵阳）

山东北海湿地鸟类教育基地（山东滨州）

江苏省民防教育体验馆（江苏南京）

全国妇联

中国妇女儿童博物馆（北京）

吉林省妇女儿童活动中心（吉林长春）

江苏省妇女儿童活动中心（江苏南京）

新疆儿童发展中心（新疆乌鲁木齐）

铁路总公司

沈阳铁路局大安北蒸汽机车陈列馆（辽宁沈阳）

中国铁道博物馆（北京）

郑州铁路局洛阳机务段"中共洛阳组"诞生纪念馆（河南洛阳）

武汉铁路局武汉二七纪念馆（湖北武汉）

上海铁路博物馆（上海）

昆明铁路局云南铁路博物馆（云南昆明）
中国铁道科学研究院院史馆（北京）

中国科学技术协会

中国科学技术馆（北京）

宋庆龄基金会

中国宋庆龄青少年科技文化交流中心（北京）

各省级教育行政部门推荐

北京市

中国人民抗日战争纪念馆
宋庆龄故居

天津市

周恩来邓颖超纪念馆
平津战役纪念馆

河北省

晋察冀军区司令部旧址
马本斋烈士纪念馆
涉县青少年活动中心
保定市清苑区冉庄地道战纪念馆

山西省

中国煤炭博物馆
八路军太行纪念馆
山西祁县乔家大院民俗博物馆
昔阳大寨

内蒙古自治区

王若飞纪念馆
阿拉善沙漠世界地质公园
开鲁县青少年学生校外活动中心

辽宁省

"九·一八"历史博物馆
抚顺市雷锋纪念馆
抗美援朝纪念馆
辽沈战役纪念馆

吉林省

长春中医药大学
靖宇县杨靖宇将军殉国地
吉林省自然博物馆

黑龙江省

五大连池风景名胜区

黑龙江凉水国家级自然保护区

金上京历史博物馆

东北烈士纪念馆

上海市

上海交通大学钱学森图书馆

上海中国航海博物馆

上海四行仓库抗战纪念馆

江苏省

侵华日军南京大屠杀遇难同胞纪念馆

周恩来纪念馆

新四军纪念馆

淮海战役烈士纪念塔

中国人民解放军海军诞生地纪念馆

浙江省

绍兴市鲁迅故里景区

浙江横店圆明新园

嘉兴南湖革命纪念馆

浙江省兰溪市诸葛八卦村

安徽省

黟县徽黄西递旅游开发有限公司（西递景区）

天长市中小学生现代农业研学基地
安徽名人馆

福建省

福州市中国船政文化景区
福州市三坊七巷·严复翰墨馆
福建土楼（南靖）青少年社会实践活动中心
福建闽越王城博物馆

江西省

南昌八一起义纪念馆
瑞金中央革命根据地纪念馆
吉州窑博物馆
庐山西海风景名胜区

山东省

孟庙孟府孟林景区
山东博物馆
台儿庄古城景区
蒙阴岱崮地貌拓展服务中心

河南省

中国文字博物馆
林州市红旗渠

兰考焦裕禄纪念园

湖北省

辛亥革命武昌起义纪念馆
中国地质大学逸夫博物馆
长江三峡旅游管理区
神农架生态旅游区
潜江市龙虾产业发展服务中心

湖南省

湘潭市博物馆
长沙市博物馆

广东省

广东省博物馆
广东科学中心
广州神农草堂中医药博物馆
广东韶关丹霞山国家级自然保护区
孙中山故居纪念馆

广西壮族自治区

广西崇左白头叶猴国家级自然保护区
百色起义纪念公园
广西民族博物馆

凭祥友谊关
宁明县花山岩画
南宁青秀山风景区

海南省

文昌航天主题乐园（航天科普中心）
中国（海南）南海博物馆
海南鹦哥岭省级自然保护区
坡心互联网农业小镇

重庆市

重庆三峡移民纪念馆
重庆红岩革命历史博物馆
重庆科技馆
国家技术标准创新基地重庆师范大学研究中心

四川省

成都大熊猫繁育研究基地
四川博物院
中国两弹城
攀枝花中国三线建设博物馆
四川广汉三星堆博物馆

贵州省

遵义会议纪念馆

黄果树风景名胜区

安顺市平坝区天龙屯堡古镇

中国天眼景区

云南省

丽江市古城区青少年学生校外活动中心

西藏自治区

拉萨市青少年示范性综合实践基地

陕西省

陕西历史博物馆

延安革命纪念馆

西安半坡博物馆

中国兵器工业试验测试研究院研学部

富平县爱国主义教育基地

甘肃省

甘肃地质博物馆

会宁红军长征胜利纪念馆

张掖湿地博物馆

民勤防沙治沙纪念馆

天水市博物馆

青海省

格尔木市青少年活动中心

宁夏回族自治区

宁夏回族自治区科学技术馆（宁夏青少年科技活动中心）

新疆维吾尔自治区

新疆维吾尔自治区博物馆
八路军驻新疆办事处纪念馆
吐鲁番博物馆

新疆生产建设兵团

新疆生产建设兵团第十师一八五团

2018年11月，全国中小学生研学实践教育基地评议结果公示，中国人民解放军海军南海舰队军史馆等377个单位被命名为"全国中小学生研学实践教育基地"。因篇幅所限，名单不再列出，大家可以在教育部官网进行查询。

图书在版编目（CIP）数据

走向远方的家庭研学 / 李一慢著. — 太原：山西教育出版社，2024.3
（家庭生活教育丛书）
ISBN 978-7-5703-3607-4

Ⅰ.①走… Ⅱ.①李… Ⅲ.①家庭教育 Ⅳ.①G78

中国国家版本馆 CIP 数据核字（2023）第 219570 号

走向远方的家庭研学
ZOUXIANG YUANFANG DE JIATING YANXUE

选题策划	潘　峰
责任编辑	赵迎春
复　　审	崔　璨
终　　审	郭志强
装帧设计	陈　晓
印装监制	蔡　洁

出版发行	山西出版传媒集团·山西教育出版社
	（太原市水西门街馒头巷7号　电话：0351-4729801　邮编：030002）
印　　装	山西新华印业有限公司
开　　本	890 mm×1240 mm　1/32
印　　张	9.375
字　　数	216 千字
版　　次	2024 年 3 月第 1 版　2024 年 3 月山西第 1 次印刷
书　　号	ISBN 978-7-5703-3607-4
定　　价	38.00 元

如发现印装质量问题，影响阅读，请与出版社联系调换。电话：0351-4729718。